비닐봉지와 요리 고양이

함께 사는 세상 환경 동화 11

비닐봉지와 요괴 고양이

조연화 글 | 김주경 그림

아주 좋은 날

들어가는 말

저는 봄, 가을에 온갖 꽃과 나무를 구경 다니는 걸 좋아해요. 여름에는 파란 계곡물과 강, 바다에 손 담그는 걸 좋아하지요. 아름다운 지구와 매일 눈맞춤 할 때마다 가슴이 벅차올라요.

하지만 지구에 사는 어떤 이웃들은 이런 기쁨을 누리지 못한다는 걸 알게 되었어요. 가전제품, 가구, 옷, 비닐을 포함한 수많은 종류의 플라스틱들은 이미 지구를 끙끙 앓게 만들고 있어요. 지금도 우리가 버리는 쓰레기들은 매일 세계 곳곳에 쌓이고 있어요.

그중에서도 비닐은 많은 생명에게 고통을 주고 있어

요. 비닐은 썩으려면 500년이 걸린대요. 우리가 무심코 버린 비닐을 먹고 죽어 가는 코끼리들과 병들어 가는 소중한 생명들이 많아요. 썩지 않는 비닐을 태우는 연기 때문에 고통받는 어린이들도 많고요.

  혹시 배달 음식 좋아하나요? 비닐봉지는 일회용이라 생각하고 한 번 쓰면 버리나요? 배달 말고, 직접 가서 오순도순 좋은 분위기에서 음식을 나누고, 물건을 살 때면 가방을 들고 가세요. 비닐봉지를 사용했다면, 그 비닐을 꼭 다시 쓰고 또 써 봐요.

  우리가 당장 비닐 사용을 멈춰야 해요. 그렇지 않으면 이 동화 속 사건들이 바로 나의 이야기, 내 가족의 이야기가 될 테니까요.

2023년 가을, 조연화

차례

들어가는 말 :: 4

100번째 지미지아를 찾아라 :: 8

고양이 요괴라고? :: 20

편하면 다야? :: 34

비닐이 넘치는 집 :: 48

산불이야, 다람쥐 가족을 구하라 :: 60

제발 먹지 마, 하얀 소야 :: 76

고쿨당 구조 센터 :: 90

원래 코끼리 땅이었는데 :: 112

에필로그_ 너무 늦으면 안 돼! :: 134

100번째 지미지아를 찾아라

　난 뭐보왕을 두 손으로 뱅그르르 돌렸어요.
　'뭐보왕'이 뭐냐고요? '뭐든지 보여 주는 왕 구슬'을 줄인 말이에요. 팽그르르르르, 돌 때마다 지미지아 단원 후보감들이 보여요. 지미지아는 또 뭐냐고요? 지구의 미래를 지키는 아이들을 줄여서 부르는 말이에요. 내 제자들이라고도 할 수 있지요.
　"괜찮은 아이들이 많아서 매번 힘들단 말이지."

나를 필요로 하는 어른들도 진짜 진짜 많지만, 나는 아이들만 찾아가요. 어른들은 요괴를 믿지 않거든요.

더구나 내가 예순 살이나 먹었다면 믿겠어요? 네? 그렇게 많은 나이가 아니라고요? 고양이 요괴는 고양이 기준으로 봐야지요. 고양이의 일생은 16년, 최대한 장수해도 20년이라고요. 그런데 난 60년을 살았으니까 정말 나이가 많지요? 돌아가신 우리 증조할머니의 증조할머니보다도 내가 나이가 많잖아요.

뱅글뱅글 뭐보왕이 돌 때마다. 독일, 영국, 프랑스, 대만, 싱가폴, 미얀마, 튀르키예, 에티오피아, 심지어 북극 에스키모 마을까지, 각 나라에 살고 있는 지미지아 후보들이 보여요.

지구의 미래를 지켜 내야 하는 지미지아 단원은 아무나 될 수 있는 게 아니에요. 첫째, 큰 용기가 있는 아이라야 해요. 그래야 지구를 망치려는 사람들과 맞설 수 있으니까요. 둘째, 생명을 사랑하는 아이여야 하고요. 셋째, 착해야 해요.

지미지아 단원이 되는 마지막 조건이 하나 또 있어요. 똑똑해야 되냐고요? 설마요. 지구의 미래를 지키는 데 머리가 좋아야 할 필요는 없어요. 오히려 지구를 지키는 이상한 방법을 모르는 아이가 좋아요. 그래야 가르쳐서 지구를 지키게 하지요. 알면서도 안 하는 아이는 힘들어요.

마지막 조건, 절대 게으르면 안 돼요. 뭐든지 귀찮아하고, 미루는 아이가 어떻게 지구를 지켜 내겠어요? 어제는 99번째 지미지아 단원에게 임무를 주고 헤어졌어요. 이제 드디어 100번째 지미지아 후보를 만나는 거예요.

이번 지미지아를 훈련 시키는 일이 끝나면 난 혼자서 잔치를 벌일 거예요. 그동안 100명의 지미지아 단원을 탄생시키느라 고생했으니까 나 자신을 칭찬하고 상도 주고 싶어요. 게다가 사실, 나도 지미지요, 즉 지구의 미래를 지키는 100번째 요괴 단원이거든요. 그게 뭔지는 차차 알게 될 거예요.

사실 난 처음부터 고양이는 아니었어요.

난 세상에서 가장 슬픈 생명으로 태어났어요. 바로 비닐봉지요. 그것도 단 몇 초 만에 버려지는 라면 봉지.

그런데, 다행히 고양이 한 마리가 버려져 있는 날 알아봐 줬어요. 날 처음으로 아껴 준 존재지요. 내가 요괴가 된 것도 다 그 고양이 덕분이에요. 어떻게 된 일인지는 차차 알려 줄게요. 지금은 빨리 100번째 지미지아를 찾아가야 하니까요.

오늘은 한국에 사는 한 아이가 눈에 띄어요. 화랑이라는 남자아이에요. 꼬리로 뭐보왕을 톡 치자 구슬 안

에 보이는 세상이 점점 넓어졌어요. 마치 영화 화면처럼 화랑이가 있는 곳이 커다랗게 펼쳐졌지요.

"니야오옹."

화랑이가 손에 비닐봉지를 들고 나타나자 여기저기서 고양이들이 모여들었어요. 용돈을 털어 길고양이에게 매일 밥을 주는 아이로군요.

"안녕? 환영해."

화랑이는 새로 온 하얀 고양이를 쓰다듬었어요. 내가 고양이 요괴라서 잘 알죠. 저 하얀 고양이는 옆에 같이 있는 회색 고양이가 데려온 거예요. 회색 고양이가 대장 고양이고요.

"갸르르릉."

이건 바로 고양이들이 기분 좋을 때 내는 소리예요. 저 화랑이라는 아이가 아주 맘에 들어요. 돌아다니면서 길냥이들의 먹이를 챙길 만큼 생명을 사랑하잖아요? 생명 사랑이 곧 지구 사랑이지요. 뭐, 솔직히 다른 동물보다 고양이를 사랑한다는 점도 맘에 들어요.

다른 지미지아들 보다 좀 어리긴 하지만, 아홉 살이면 뭐든 다 할 수 있죠. 게다가 두어 달만 지나면 열 살이 될 거고요.

"저런 저런, 쯧쯧."

내 입에서 저절로 할아버지들처럼 혀 차는 소리가 나오네요. 화랑이가 고양이 사료 봉지를 그 자리에 그대로 버렸거든요. 음, 앞으로 가르칠 게 아주 많겠어요.

주머니에 손을 찔러 넣고 휘파람을 불며 집으로 가는 길, 화랑이는 길가 식당 앞에 멈춰 섰어요. 식당 앞에는 여러 화분이 놓여 있어요. 구절초, 코스모스, 사랑초, 화분마다 피어난 꽃들이 가을바람에 한들거려요.

화랑이는 허리를 숙이고 코스모스를 바라봐요. 천천히 다른 꽃들도 바라보던 화랑이 입가에 미소가 번져요. 동물뿐 아니라 식물들까지 사랑하는 아이로군요.

화랑이는 식당에서 가까운 아파트 정문으로 들어가요. 저 아파트에 사는 거지요.

1304동, 자기 집으로 들어갔던 화랑이는 10분도 안 되어 다시 1층 현관 밖에 모습을 드러냈어요. 손에는 통

통한 검정 비닐봉지를 들고 있어요. 그 속에는 음식 쓰레기가 가득해요.

어떻게 알았냐고요? 내 참, 이래 봬도 난 요괴예요. 투시력이 있거든요. 투시력이 뭐냐고요? 속에 들어 있는 것도 훤히 꿰뚫어 보는 능력이지요.

분명 집 안에 음식물 쓰레기통이 있을 텐데, 거기 담아서 버리면 비닐봉지를 쓰지 않아도 되잖아요. 화랑이네는 매일 음식 쓰레기를 버리기 위해 비닐봉지를 매일 지구 위에 버리고 있는 거예요. 역시, 지구를 지키는 법을 모르는 거지요.

화랑이가 휘파람을 불며 음식물 쓰레기통 앞으로 가고 있어요.

"음식물 쓰레기 버리기 심부름, 용돈 천 원이요!"

음, 부모님의 집안일을 도와드리고 심부름 값을 받아

서 용돈을 받나 봐요.

'음, 부지런하기까지 해. 모든 조건에 맞는 아이야.'

이제 확실히 결정했어요. 나의 100번째 지미지아!

슈슈슉.

가슴에 붙은 라면 수프 봉지 모양의 주머니를 눌렀어요. 무슨 소리냐고요? 코알라처럼 나도 주머니가 있어요. 생김새도, 털 무늬도 라면 수프처럼 생겼죠. 만능 요술 주머니예요.

영화처럼 펼쳐졌던 화면이 꺼지고 뭐보왕도 수프 주머니 속으로 쏙 들어갔어요. 난 날아오르기 위해 다시 한번 수프 주머니를 눌렀어요. 내 수프 주머니는 만능이거든요. 날다람쥐처럼 양팔을 양옆으로 쭉 뻗자마자 몸이 둥실 떠올랐어요. 뒷다리도 뒤로 쭉 뻗었어요. 나의 세모지게 솟은 귀 끝의 털들을 용 비늘처럼 한 올 한

올 빛내면서요. 어깨의 털들도 날개 못지않게 활짝 폈어요.

쉭쉭, 금세 화랑이를 향해 날아가요. 화랑이는 음식물 쓰레기통을 벌컥 열고는 주변을 휘휘 둘러봐요.

"나는야, 감쪽 대장. 뭐든지 감쪽같이 버리지. 심부름으로 돈 벌기 쉽네."

툭.

작은 소리로 노래를 부르며 쓰레기를 봉지째 음식물 쓰레기통 안에 떨어뜨렸어요. 이런, 세상에! 역시 화랑이에게는 내가 필요해요.

스슥, 나는 화랑이 어깨 위에 내려앉았어요.

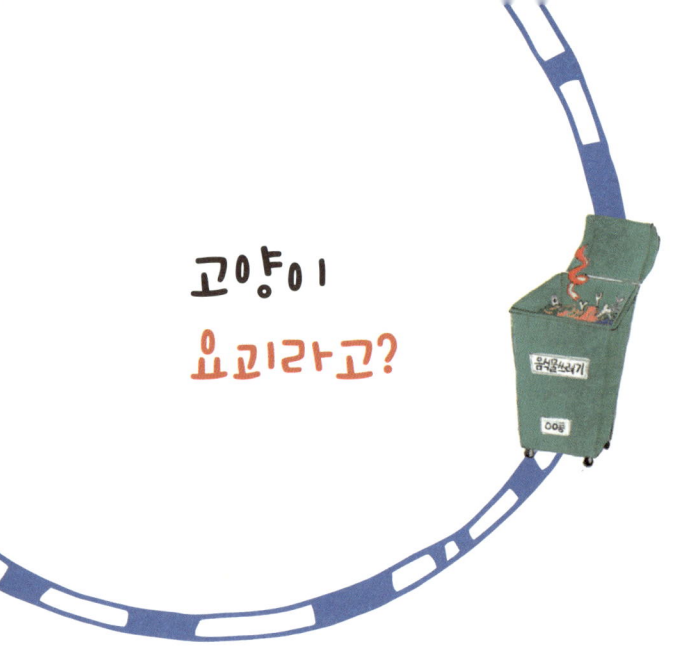

고양이 요괴라고?

"야, 다시 주워!"

난 최대한 위엄 있게 소리쳤어요. 쩌렁쩌렁 울리도록 말이에요. 이래 봬도 요괴거든요.

"어? 어디서 나타난 거야? 개냥이네?"

개냥이라고 부르다니, 이건 나쁘지 않아요. 고양이답게 우아하고, 개처럼 친하게 느껴지는 고양이라는 뜻이잖아요.

화랑일 택하길 잘했어요. 고양이 요괴를 무척 좋아할 것 같아요.

"옷을 입은 줄 알았는데, 털 색깔이잖아? 털 무늬가 꼭 라면 봉지 같아. 수프 모양 털 무늬도 있네?"

화랑이는 날 신기하게 바라봤어요. 나한테 반해 버린 게 틀림없어요.

"근데 좀 촌스러운 라면이네?"

"뭐? 촌스럽다니! 이런 건 고풍스럽다고 하는 거야. 예스러운 거."

화랑이는 최대한 고개를 옆으로 돌려서 자신의 어깨 위에 앉은 나와 눈을 맞추었어요. 그러고는 씨익 웃었어요. 붉게 물든 볼이 엄청 즐거워 보여요. 말하는 고양이를 만나서 흥분한 것 같아요.

화랑이 말은 사실이에요. 내 털 색깔은 라면 봉지를

닮았어요. 그것도 우리나라에 첫 번째로 나온 라면, 60년 전 라면 말이죠. 수프 모양도 마찬가지고요.

"이거 줄게, 신기한 라면냥아. 가지 마."

어? 화랑이가 내 이름을 어떻게 알았지요? 진짜 이름은 라면 고양이, 줄여서 라면냥이에요.

화랑이는 주머니에서 말린 닭고기 육포를 꺼내 내밀었어요. 길고양이 만나면 주려고 갖고 다니나 봐요.

"뭐 난 아무것도 안 먹어도 끄떡없지만, 맛있는 걸 사양할 필요는 없지. 고마워."

만나자마자 선물을 주는 지미지아는 처음이에요. 난 육포를 손톱으로 척 낚아채서 입에 넣었어요. 화랑이는 육포 씹는 날 여전히 신기하게 바라봤어요.

"말하는 냥이가 그렇게 신기하니?"

"응."

화랑이는 함빡 웃으며 고개를 끄덕였어요.

"냠! 앞으로 더 많이 놀랄 거야. 난 지구의 미래를 지키는 요괴 단원, 지미지요거든."

육포를 먹어서 그런지 나도 모르게 말투가 부드럽게 나왔어요. 화랑이는 내가 요괴라는 말을 믿지 않는 것 같아요. 하지만 상관없어요. 금세 알게 될 테니까요.

"그리고 아무리 맛있는 육포를 줘도, 넌 저 봉지를 꺼내야만 해."

원래는 혼내듯 위엄 있게 말해야 하는데 잘 안되네요. 손가락으로 음식물 쓰레기통 속 봉지를 가리켰어요.

"저걸 왜? 내가 애써 버린 건데?"

화랑이가 귀엽기만 한 게 아니라, 뻔뻔한 면도 있네요. 그래도 괜찮아요. 이 라면냥과 며칠 지내다 보면 바뀔 거예요.

"음식물 쓰레기만 버려야지, 비닐까지 버리면 어떡해?"

"왜? 지금까지 그래 왔는걸."

와, 저 당당한 표정 좀 봐요. 예상보다 훨씬 더 뻔뻔하네요.

"비닐봉지를 버리면 절대로 안 돼."

"어차피 어른들도 그렇게 하던걸."

"야! 너 정말!"

난 위엄 있게 소리쳤어요. 꼬리를 일으켜 세우고 눈동자에 힘주어 쏘아보았어요.

"그럼 네가 주우면 되겠다. 난 상관없거든."

화랑이는 크고 네모난 이를 드러내고 웃었어요. 에휴, 갑자기 속담이 생각나요.

'내가 앓느니 죽지.'

어차피 보아하니, 화랑이 키로는 까치발을 해도 비닐봉지에 손이 닿지 않을 것 같아요. 텅 빈 음식물 쓰레기통에 일등으로 떨어졌거든요. 억지로 꺼내려다 화랑이가 음식물 쓰레기통에 빠지면 어떡해요.

나는 음식물 쓰레기통 안으로 입김을 불어 보냈지요. 까만 봉지가 위로 붕 떠올랐어요. 봉지를 쏘아보자 묶였던 봉지 입구가 척 벌어지면서 음식 쓰레기가 추르륵 떨어졌지요. 눈동자를 좌우로 굴리며 쏘아보자 봉지도 좌우로 흔들렸어요. 깨끗이 떨어지도록 봉지를 흔든 다음, 화랑이 손에 척 붙여 주었지요.

"자, 저기 수도꼭지 있지? 비닐봉지 씻어서 집에 가지고 가. 다음에 쓰고 또 써야지."

"딸꾹."

화랑이는 놀라서 딸꾹질까지 했어요.

방울토마토만 하던 화랑이 눈이 토마토만 해졌어요.

"뭐 이 정도 가지고 그렇게 놀라?"

서서히 내게 반해 가는 눈동자, 벌써 100번째지만 역시 기분 좋아요.

"다 씻었으면 집에 가자. 앞으로 나랑 함께 지내는 거야."

난 팔짱을 끼고 의기양양하게 말했어요.

"그러면 얼마나 좋을까? 하지만 우리 어머니는 털 빠진다고 고양이를 싫어하시는데."

화랑이는 온 세상의 고민을 다 짊어진 표정이에요.

"화랑아. 걱정 마. 요괴를 믿지 않는 어른들 눈에는 내가 보이지 않으니까!"

"아깐 로켓처럼 위로 뿅 올라가더니! 내 이름 어떻게 알았어? 진짜 요, 요괴야?"

"그럼 설마 내가 평범한 고양인 줄 알았어?"

난 팔짱을 끼고 씨익 웃어 주었어요.

화랑이 콧구멍이 벌렁벌렁, 입술은 실룩실룩해요. 화랑이는 나한테 완전히 반해 버린 표정이에요.

이번엔 주머니에서 구운 달걀을 꺼냈어요. 아까도 말했다시피 난 안 먹어도 상관없어요. 그래도 맛있는 걸 먹으면 기분이 좋아요. 그중에서도 달걀은 무척 좋아해요. 나는 화랑이 어깨에 볼을 문질렀어요. 달걀에 대한 고마움의 표시지요.

"달걀 고마워. 얼른 손 씻어."

나는 화랑이 곁의 수도꼭지를 돌려주었어요.

"그냥 여기 비닐봉지 버리는 통이 있잖아. 근데 이걸 씻어서 또 쓰고 또 쓰라니."

화랑이는 더러워서 얼굴을 찌푸리면서도 비닐봉지를

씻었어요. 역시 화랑이는 착해요. 더럽다고 끝까지 날 더러 씻으라는 아이도 있거든요.

난 달걀을 야금야금 껍질째 먹었어요. 비닐을 씻은 화랑이는 다시 콧노래를 부르기 시작해요. 화랑이도 여느 아이들처럼 둥둥 구름처럼 걸어요. 화랑이 어깨 위에서 나도 덩달아 둥둥거리는 게 여간 즐겁지 않아요.

"아 참, 집에 가기 전에 난 어머니 심부름으로 마트에 가야 해. 그럼, 또 천 원을 받거든."

역시 내가 잘 선택했어요. 화랑이는 무척 착한 것 같아요. 공짜로 용돈 달라고 떼쓰지도 않고, 심부름도 잘하는 어린이에요. 이번 미션은 좀 쉬울 것 같아요.

화랑이는 바지 주머니를 뒤적였어요. 주머니를 뒤적거리던 화랑이 손에서 아무렇게나 북 찢은 종이가 잡혀 나왔어요.

나는 목을 주욱 늘려 종이에 적힌 걸 읽었어요. 종이에는 사야 할 물건들이 적혀 있었어요.

후추, 일회용 비닐 팩, 랩, 쓰레기 종량제 봉투, 비닐 테이프, 과자, 먹고 싶은 아이스크림 두 개.

"으유. 비닐을 참 많이 사네. 그리고 심부름 목록은 외워 오든지, 스마트폰에 적어 왔어야지, 이렇게 큰 종이를 찢어 오다니. 종이를 낭비했잖아."

"너 잔소리 요괴로구나?"

"게다가 왜 이렇게 비닐을 많이 사?"

사야 할 물건들을 읽어 보니 내 머리가 깨질 듯 아팠어요.

"어? 너 글자도 읽을 줄 알아? 혹시 수학 공부도 잘해? 내 숙제도 도와줄 수 있어?"

화랑이 입이 귀에 걸렸어요.

하긴, 영광스러울 거예요. 말도 하고 글자도 읽는 나 같은 고양이 요괴 만나기가 어디 쉬운 일인가요?

"한 개씩 물어봐. 수학 공부? 그건 좀 곤란해. 대신 눈 깜빡할 사이에 세계 곳곳으로 여행을 다니게 해 주지."

"와아, 좋아. 나랑 계속 같이 있는 거야? 내가 심부름 열심히 해서 고양이 참치랑 연어도 사 줄게."

화랑이는 날 듯이 걸었어요. 나는 화랑이 어깨에서 내렸어요. 그리고 공중에 떠서 화랑이와 눈높이를 맞추었어요.

"조건이 있어. 내가 너와 함께 지내는 동안, 넌 나와 같은 편이 되어 지구를 지켜야 해."

"뭐? 같은 편? 그건 걱정 마. 나 의리 짱이야."

"아니, 그냥 같은 편이 아니라, 지구를 지키겠다고 결심해."

난 지미지요, 라면냥답게 진지하게 말했어요.

화랑이는 큰 눈을 껌벅거렸어요.

"우와, 지구를 지키는 라면냥과 유화랑, 멋지다 멋져!"

화랑이가 신이 나서 외쳤어요.

"좋아. 약속!"

나는 화랑이와 손가락을 걸었어요. 그리고 수프 주머니에서 계약서를 꺼냈어요. 빨강 잉크도 꺼내어 화랑이 엄지손가락에 척 바른 다음, 손가락 도장을 찍었지요. 나도 열심히 가르쳐 주겠다는 약속으로 빨강 손가락 도장을 꾹 찍었어요.

"내가 계약을 해 보다니! 어른이 된 것 같아."

화랑이는 어깨를 으쓱거렸어요.

편하면
다야?

"지구를 지키는 첫 번째 임무, 비닐 사용 줄이기! 집에 가서 장바구니 가져와."

"왜 귀찮게 집에 도로 갔다 와? 종량제 봉투나 종이봉투 사면 될걸."

화랑이 입이 쭈욱 튀어나왔어요.

난 화랑이에게 왜 장바구니를 가지고 다녀야 하는지 얘기해주었어요. 그동안 수도 없이 설명하고 다닌 거니까 이 정도는 누워 떡 먹기죠. 비닐이 버려져 썩으려면 대략 500년이나 걸린다는 거, 그러니 꼭 필요할 때만 쓰고, 일단 사면 쓰고, 쓰고 또 써야 한다고. 깨끗이 씻어 분리수거 해야 한다는 것도요.

"나랑 함께 지구를 지키려면 실천해야지! 그냥 지켜지는 게 아니야!"

나는 수프 주머니에서 계약서를 꺼내 보여 주었어요.

"좋아! 우린 지구를 지키는 형제니까!"

화랑이는 집으로 뛰어 들어갔어요. 곧 예쁜 그림이 그려져 있고 손잡이도 튼튼한 장바구니를 들고 나왔어요.

"그리고 다음부터는 이런 거 외우거나 휴대전화에 적어와. 종이를 아껴야지."

"왜애? 종이는 잘 썩는다고 배웠는데?"

"무엇으로 종이를 만드는지 알아?"

나는 앞장서서 걸으며 물었어요. 화랑이는 고개를 절레절레 흔들었어요.

"저런 나무들을 베어 종이를 만드는 거야. 나무가 다 사라져도 넌 괜찮아?"

나는 가로수들을 가리키며 말했어요.

"아니, 난 나무가 너무 좋아. 봄이 되면 연둣빛 잎사귀가 나오고 여름이 되면 푸른 잎이 이렇게나 많고, 또……."

"또 가을이 되면 노랗게 단풍 들고?"

"맞아. 겨울에 눈 쌓인 나뭇가지는 또 어떻고? 이렇게 멋진 나무를 베다니! 나무가 얼마나 아프겠어?"

화랑이는 역시 마음이 따뜻한 아이가 맞아요.

"나무가 공기도 맑게 해 준다고 선생님이 그러셨어."

화랑이는 종이를 함부로 쓰지 않겠다고 손가락을 걸

었어요.

마트에 갔더니 온갖 물건들이 많아요. 고양이 밥과 간식들이 즐비한 칸도 꽤 길어요. 화랑이는 좋아하는 과자, 아이스크림을 여러 개 샀어요. 투명한 비닐봉지가 잔뜩 든 위생 팩과 랩도 크기별로 샀어요.

난 한숨이 나왔어요. 위생 팩과 랩은 화랑이 어머니가 사용하시겠지요. 그런데 과연 꼭 필요할 때만 아껴서 쓰실까요? 게다가 화랑이가 고른 아이스크림, 특히 쭈쭈바 한 개에서 비닐 쓰레기가 두 개씩이나 나와요.

과자봉지는 또 어떻고요? 알록달록 화려한 비닐봉지들이 금세 쓰레기로 버려질 거예요.

"맞다. 내가 좋아하는 라면도 사야지!"

화랑이는 라면을 다섯 개씩 또 다른 비닐봉지에 포장해 둔 라면 꾸러미를 여러 종류 샀어요. 짜장 라면, 매운 라면, 그리고 컵라면까지 잔뜩 샀어요. 나는 라면을 보고 한숨이 나왔어요.

"이거 말고, 그냥 낱개로 다섯 개를 사!"

"뭐? 다섯 개 꾸러미가 더 싸단 말이야."

나는 라면 속에 얼마나 많은 비닐이 들어 있는지 화랑이에게 설명했어요. 면을 담은 비닐봉지, 건더기 수프 봉지, 가루 수프 봉지, 그리고 다섯 개를 한 묶음으로 포장한 커다란 비닐봉지까지요.

"이 비닐이 썩으려면 오백 년⋯⋯."

"아이참, 그래 그래. 나도 안다고, 오백 년이나 지나야 썩는다는 것, 하지만 나 혼자 안 산다고 그 라면이 없어지나? 남들은 계속 사는데 말이야."

"다들 너처럼 생각하니까 문제지. '나라도 안 산다!' 이런 사람이 많아져 봐. 그럼⋯⋯."

"아유 참, 그래도 어쩔 수 없어. 우리 어머니한텐 돈 아끼는 게 최고거든. 낱개 다섯 개로 사 가면 당장 바꿔 오라고 하실 거야."

화랑이는 오리 부리처럼 입을 쭉 내밀었어요. 난 화랑이를 호통칠 수도, 나무랄 수도 없었어요. 화랑이는 씩씩대며 계산대로 갔어요.

주변을 변화시키려면 어른들과 이야기하는 게 빠르겠지요. 하지만 어른들은 왠지 배우려고도 안 하지만, 배워도 잘 변하지 않아요. 요괴를 믿지 않으니, 날 볼 수조차 없고요. 그러니 별수 있나요? 어린이들과 이야기할 수밖에요.

이 아이들이 어른이 되면 그때는 세상이 달라지겠지요? 화랑이처럼 잘 알게 되면 실천할 수 있으니까요. 그리고 가끔은 아이들 이야기를 듣고 변화되는 어른들도 있을 거예요. 꼭 그럴 거라 믿어요.

난 엘리베이터에 타자마자 숫자 '28'을 눌렀지요. 화랑이네 집이 28층이니까요. 화랑이 눈이 황소 눈만 해졌어요.

"우와, 우와! 우리 집이 28층인 거 어떻게 알았어?"

이런 반응쯤이야 늘 있는 일이지만, 100번째 지미지아 화랑이는 유난히 많이 놀라네요.

엘리베이터 문이 닫히려던 순간, 누군가 열림 버튼을 누르고 안으로 쑥 들어와요. 헬멧을 쓰고 손에는 커다란 비닐봉지를 든 아저씨예요. 고소한 냄새가 솔솔 풍겨 와요. 비닐봉지 속을 들여다봤어요.

역시 내 짐작이 맞았어요. 커다란 비닐봉지 속에 족발을 담은 플라스틱 그릇이 고루고루 잔뜩 들어 있어요.

매운맛 족발과 순한 맛 족발, 두 가지 다 들어 있네요.

"화랑이 너희 집으로 가는 거네."

"와, 진짜?"

화랑이는 그제야 비닐봉지에 붙은 종이를 뚫어지게 바라봤어요. 주소를 보는 거지요.

"야호, 족발이다, 족발! 룰루룰루, 족발."

화랑이가 엘리베이터 안에서 빙글빙글 돌며 춤을 추는 통에 내 머리가 빙글빙글 도는 것 같아요. 어쩔 수 없이 난 화랑이 어깨에서 폴짝 내려왔어요.

번쩍번쩍한 재킷을 입은 배달 아저씨는 집 앞에 비닐 두 봉지를 내려놓고 빛처럼 빠르게 엘리베이터로 돌아갔어요. 화랑이는 현관 앞에 장바구니를 내려놓더니, 족발 봉지를 양손에 들고 집 안으로 들어갔어요.

"화, 화랑아, 자, 장바구니!"

화랑이는 내 말을 듣기도 전에 집 안으로 쏙 들어갔

어요.

대신 좀 들고 들어가지 그러냐고요? 그 정도야 나한테는 아무 일도 아니지요. 몸집은 보통 고양이만 하지만, 요괴니까 힘이 엄청나거든요. 하지만 그랬다가는 큰일 나요. 화랑이 어머니 눈에는 내가 안 보인다고 했잖아요. 둥둥 떠서 집 안으로 들어오는 장바구니를 보고 얼마나 놀라겠어요?

"다녀왔습니다."

화랑이는 족발 봉투를 들고 현관에 신발을 대충 벗어 던지며 뛰어 들어갔어요.

"화랑아, 뛰면 안 돼. 아래층에 울리잖아."

화랑이 어머니가 붓에 물감을 찍으며 화랑이를 바라보았어요.

하얀 종이에 그림을 그리는 중이에요. 주변에 그림

책들이 널려 있어요. 화랑이 어머니는 그림책 그림작가신가봐요.

"아차! 족발을 보니 기분이 좋아서. 히히."

화랑이는 족발 봉투를 들고 사뿐사뿐 탁자로 다가갔어요,

"음, 맛있겠다."

화랑이는 탁자 위에 일회용 용기에 담긴 음식들을 기분 좋게 꺼내 놓았어요. 대체 용기가 몇 개나 되는 거지요? 하나, 둘, 셋, 넷, 다섯, 한 가지 음식에 이렇게 많은 플라스틱 용기가 필요하다니! 게다가 모든 뚜껑은 비닐로 봉해져 있어요. 이건 분리수거 해도 재활용하기 힘들지요. 비닐이 깨끗이 떨어지지 않을 테니까요.

화랑이가 용기 뚜껑을 열기 시작했어요. 맛있는 냄새가 솔솔 올라와요. 아유, 체면도 없이 양쪽 귀가 뒤통수

를 향해 당겨지네요. 어쩔 수 없어요. 이건 고양이들이 맛있는 냄새를 맡을 때 자동으로 나오는 행동이니까요.

절대로 내가 지금 저 플라스틱과 비닐에 둘러싸인 음식을 먹고 싶어서 그런 건 아니에요. 원래 개든 고양이든 맛있는 냄새가 나면 정신을 못 차리지요. 그래도 나니까 콧구멍까지 벌름거리지 않을 수 있는 거라고요.

"잠깐만 기다려."

화랑이 어머니가 서랍에서 커다란 비닐종이를 꺼내 왔어요. 숨이 막힐 만큼 커다란 비닐이에요.

'앗, 저건!'

저게 뭔지 알 것 같아요.

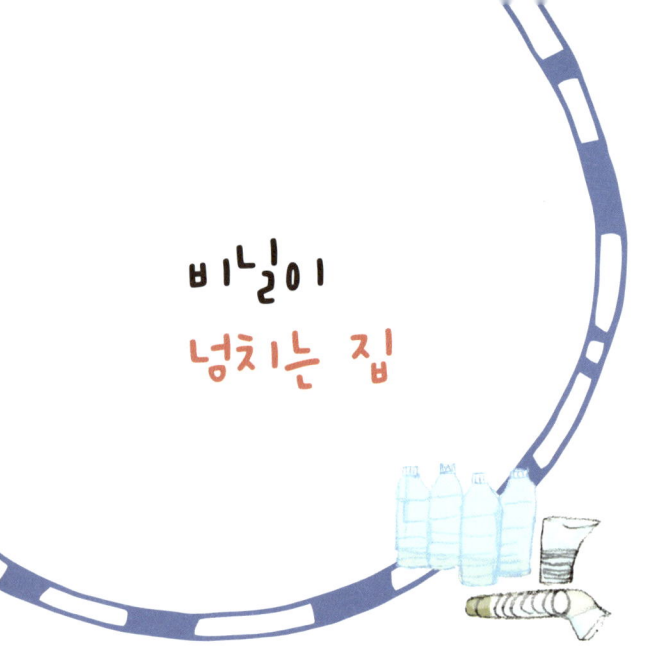

비닐이 넘치는 집

저걸 본 적 있어요. 식당이나 장례식장에서 식탁마다 펴 놓는 거예요. 저 위에 음식을 놓으면 탁자에 묻지 않아서 치우기 편하다나요?

"너오 이디와아."

화랑이가 족발을 오도독 오도독 먹으면서 나도 이리 오라며 손짓했어요. 볼까지 양념을 잔뜩 묻히고서요.

"어머, 누구한테 손짓하는 거야?"

내가 눈에 보일 리 없는 화랑이 어머니가 족발을 물어뜯으며 물었어요.

한숨이 절로 나오네요. 배달 음식을 자주 시켜 먹는 화랑이네 집, 비닐 쓰레기를 얼마나 많이 만들고 있는 걸까요? 내가 제일 싫어하는 비닐 쓰레기를.

"가티 먹다니까!"

화랑이가 내게 족발을 내밀었어요. 여전히 우물거리면서요.

"엄마 챙겨 주는 거구나? 우리 아들 최고네."

화랑이 어머니가 입을 크게 벌려 화랑이 손에 들린 족발을 드셨어요.

족발이 정말 맛있나 봐요. 밖에 장바구니를 두고 온 사실을 화랑이도, 화랑이 어머니도 까맣게 잊을 만큼요.

삑비비빅.

그때 비밀번호 누르는 소리가 들려왔어요.

음, 현관문 밖에 화랑이와 비슷한 냄새를 가진 아저씨가 서 있어요. 얼굴도 비슷해요. 화랑이 아버지군요. 화랑이 아버지는 화랑이가 문밖에 두고 온 장바구니를 들고 들어오셨어요.

"아빠, 다녀오셔어요?"

화랑이는 족발을 먹느라 아버지를 보지도 않고 인사했어요. 족발을 먹고 있는 두 사람을 보고 화랑이 아버지 눈이 둥그레졌어요.

"아니, 오늘도 배달이야? 제발 집밥 좀 먹자."

화랑이 아버지가 한숨을 쉬었어요.

"이 일회용기들 어쩔 거야? 비닐봉지에 그릇마다 비닐을 붙여 포장한 건 어쩌고?"

화랑이 아버지가 팔짱을 끼고 탁자를 내려다보았어요.

다행이에요. 가족 중 한 사람이라도 제대로 된 생각을 하고 있으니까요.

"여보, 나 그림 마감일이 일주일도 안 남았어. 식당에 갈 시간도 없어. 그렇다고 이제 퇴근한 당신이 요리하면 내가 너무 미안하잖아."

화랑이 어머니가 보들보들, 야들야들한 목소리로 말했어요. 눈웃음까지 지으면서요. 인간들 속담에 '웃는 얼굴에 침 못 뱉는다', '말 한마디로 천 냥 빚을 갚는다'는 말은 괜히 있는 게 아니라니까요?

"그랬구나. 내가 퇴근 전에 전화 주문하고 포장해 올 걸 그랬네."

한바탕 따질 것 같던 화랑이 아버지가 금세 웃으시네요.

"이 집 족발은 맛이 끝내주지."

화랑이 아버지도 족발 앞에 팔을 걷고 앉았어요.

"족발에 따라오는 국수는 어떻고?"

화랑이 어머니가 매워 보이는 면을 호로록호로록 볼 한가득 넣었어요.

"다 마디떠. 매워도 마디떠."

화랑이도 볼이 터지도록 족발을 우물우물거렸어요.

매워서 물을 들이켜면서도 한 조각도 남김없이 먹어치울 태세예요. 아무래도 다 먹을 때까지 기다려야겠어요.

그동안 난 화랑이 집을 구석구석 살펴보기로 했어요. 먼저 눈에 힘을 주고 냉장고 문을 바라봤어요. 닫힌 냉장고 안에 무엇이 들어 있는지 다 보여요. 먹다 남은 반찬들은 모두 랩으로 싸여 있고, 오렌지, 사과, 배, 갖가지 과일들이 모두 비닐봉지에 담겨 있어요.

그뿐이에요? 호박, 가지, 브로콜리, 피망, 당근, 채소들도 비닐봉지에 담겨 있어요.

집 안을 돌아봤어요. 족발을 뜯고 있는 거실, 안방, 화랑이 방, 공부방에도 쓰레기통이 있어요. 그 안에는 어디선가 물건을 담아 왔음직한 검정 비닐봉지, 하얀 비닐봉지, 파란 비닐봉지, 투명한 봉지까지, 쓰레기통 안에는 온갖 비닐봉지들이 수북해요. 온갖 과자 봉지와 갖가지 화려한 라면 봉지도 참 많기도 해요.

화랑이네 가족이 즐거워하는 만큼 난 마음이 무겁게 내려앉아요. 나도 한때는 저 쓰레기통 속 비닐봉지 신세였거든요. 아직은 아무것도 모르고 쓰레기통 속에서 쉬고 있지만, 곧 쟤들도 자기 처지들을 슬퍼하겠죠?

나는 식탁 위의 족발들이 비워지기만을 기다렸어요.

내일까지 기다리면 절대로 안 될 것 같아요.

드디어 그릇들이 비워졌어요.

"자, 아들! 깨끗이 치워."

화랑이 어머니는 다시 노트북 앞으로 가고, 화랑이 아버지는 피곤하다며 소파에 드러누웠어요.

"자, 한번 치워 볼까?"

마치 대단한 임무를 수행하려는 듯 화랑이는 손바닥을 마주쳤어요. 그러더니 재빠르게 탁자에 깔린 비닐을 양 끝에서부터 가운데로 둘둘 말았어요.

세상에! 커다란 비닐에 재활용 플라스틱 그릇부터 온갖 비닐까지 한꺼번에 접어서 쓰레기통 속으로 넣었어요. 그리고 잘했다는 듯 양 손바닥을 털었어요. 이런 만행은 더 이상 참을 수 없어요.

"야, 이러면 안 되지! 제대로 분리수거 해야지!"

나는 화를 냈어요.

"야, 어차피 우리가 분리수거 해도 진짜 재활용되는 건 별로 없대. 이 그릇 봐 봐. 끝에 비닐이 눌어붙어 있잖아. 이 사이다 페트병도 라벨이 깨끗이 안 벗겨진다고. 그런 건 재활용 안 돼."

화랑이는 아주 당당해요. 어차피 재활용하기 어려운데 헛수고하는 건 바보짓이라나요?

"그럴수록 너 한 사람이라도 제대로 분리수거 해야지. 그런 사람이 모여서······."

"나 혼자 하면 뭐해. 우리 아파트 분리수거함 가 봐. 페트병 라벨 붙은 채로 다 버려."

"화랑아, 누구한테 말하는 거냐?"

소파에서 코를 골던 화랑이 아버지가 실눈을 떴어요.

"아, 아니야."

화랑이가 비닐째 둘둘 만 쓰레기를 종량제 봉투에 담았어요. 종량제 봉투 안에는 이미 많은 쓰레기가 있어요. 그중에서도 라면 봉지, 과자 봉지, 빵 봉지, 택배 포장지 등 내가 제일 싫어하는 비닐 쓰레기가 몽땅 들어 있어요.

사람들은 택배를 보낼 때 셔츠 한 벌, 양말 한 켤레도 비닐봉지에 포장해요. 공기가 빵빵하게 든 뽁뽁이 비닐로 둘둘 만 다음, 더 질긴 비닐봉지에 포장하거나, 종이 상자에 담아요. 뽁뽁이 대신 종이를 잔뜩 넣기도 해요.

사람들은 왜 가게에 직접 가지 않고, 택배로 받는 걸까요? 직접 가서 사면 엄청난 양의 비닐봉지나 상자 같은 쓰레기를 줄일 수 있고, 직접 고르는 즐거움도 클 텐데요. 음식도 그래요. 직접 식당에 가면 새로운 분위기에서 더 따뜻하고 맛있게 먹을 텐데요.

"왜 식당에 가서 먹지 꼭 배달시켜 먹니?"

"그것도 몰라? 편하잖아!"

화랑이의 너무도 당당한 대답에 난 한숨이 나왔어요.

뚜뚜뚜, 오르르르

그때 만능 수프 주머니에서 구조 요청 신호가 울렸어요. 그것도 연달아 두 번이나요.

산불이야, 다람쥐 가족을 구하라

　이건 동물들의 구조 요청 소리예요. 연달아 두 곳에서 날 부르는 거지요.

　내가 이렇게 바쁘다니까요. 화랑이 같은 지미지아 어린이 가르쳐야지요, 언제 걸려 올지 모르는 구조 요청에 출동도 해야 하니까요. 난 그냥 요괴가 아니라, '지구의 미래를 지키는 요괴들'의 대원이거든요.

　말하자면 난 세계 여러 나라에서 큰 위험에 처한 동

물들을 구하는 구급대원인 거예요. 내가 어쩌다 이렇게 바쁘고 중요한 존재가 되었는지는 차차 알려 줄게요. 지금은 당장 출동부터 해야 하니까요. 엄청나게 고통스러운 소들의 신음 소리가 이 라면냥 귀에 들리고 있거든요.

"소들에게 다녀올게. 그동안 쓰레기 분리수거 제대로 하고 있어!"

"소? 소들에게 간다고? 같이 가!"

화랑이는 갑자기 내 꼬리를 잡았어요.

"넌 못 가! 아주 먼 곳을 하늘 높이 여행해야 한다고! 무서워서 기절하고 말걸?"

화랑이 손에서 꼬리를 스르르륵 빼냈어요. 라면냥 체면이 있지, 꼬리에서 족발 냄새가 나면 안 되잖아요.

"내 꿈이 수의사란 말이야. 난 동물들을 무지 좋아해.

지금은 울 어머니 때문에 동물을 키울 수 없지만, 어른이 되면 강아지도 키우고 고양이도 키우고, 그리고 말야. 넓은 풀밭에 양과 소도 키울 거라고!"

화랑이는 매우 들뜬 표정을 지었어요.

나는 짧은 시간 동안 최대한 잘 설명했어요. 하지만 화랑이 고집은 말릴 수가 없어요.

"좋아! 화랑이 너도 직접 가서 보면 비닐 쓰레기를 못 버릴거야."

난 대단한 결심을 했어요. 인간 아이, 화랑이를 함께 데려가기로요. 혹시 알아요? 최고의 지미지아로 훈련시키는 방법이 될지요.

"겁나서 집에 보내 달라고 울어도 소용없어. 그럼 동물을 구조하지 못하니까!"

얼마나 빨리, 그리고 높이 올라가는지, 구조가 끝날 때까지 절대로 돌아올 수 없다는 것도 알려 줬어요.

나는 화랑이 손을 잡고 붕 떠올랐어요.

"어어. 힘 되게 세네?"

화랑이가 내 손에 딸려 올라오며 즐거워했어요.

"여, 여보? 화랑이가 이상한데?"

게슴츠레했던 화랑이 아버지 눈이 커졌어요. 그리고 화랑이 어머니를 불렀어요. 화랑이 어머니는 그림을 그리다 말고 책상에 엎드려 잠들어 있어요. 화랑이가 혼자서 한쪽 팔만 앞으로 쭈욱 뻗은 채 허공에 떠 있는 듯 보여 놀란 거지요.

나는 수프 주머니에서 요술 가루를 꺼내 두 사람에게 뿌렸어요. 아마 화랑이 어머니와 아버지는 꿈을 꾸고 있는 줄 알 거예요.

"준비됐지?"

화랑이 아버지, 어머니의 커진 눈을 뒤로하고 우리는 베란다 밖으로 나왔어요.

"야호! 난 언제나 모험할 준비가 되어 있지!"

화랑이가 잔뜩 기대에 찬 얼굴로 대답했어요.

수프 주머니 속에서 요괴 가루를 집어 화랑이에게 솔솔 뿌렸어요. 화랑이 몸은 비눗방울처럼 가벼워졌어요. 게다가 이제 사람들 눈에 보이지 않을 거예요. 난 오른손으로 만능 수프 주머니를 꾹 눌렀어요.

"어어어?"

나를 따라 화랑이가 붕 떠올랐어요.

"으아악, 유화랑 살려!"

열린 베란다 문으로 날아오르는 순간 화랑이는 비명을 질렀어요.

우린 단숨에 아파트 꼭대기보다 더 높이 떠올랐지요. 발아래로 처음엔 우리가 사는 마을이 보였지만, 곧 프리즘처럼 여러 색깔을 띤 공간을 바람처럼 지나갔어요.

"꺄아아아아! 신난다!"

무서워할 줄 알았던 화랑이가 즐거워서 탄성을 질러 대요. 놀이기구 타는 기분인가 봐요.

하지만 난 웃을 수가 없어요. 내 귀엔 귀여운 다람쥐들의 비명 소리가 들려와요. 소들의 신음 소리도요. 사실 소들이 조금 먼저 구조 요청을 보냈지만, 다람쥐들에게 먼저 가려고요. 다람쥐들이 가까운 곳에 있거든요.

"어어? 불이야! 산불 났어!"

목적지가 가까워지자 화랑이가 소리쳤어요.

"아유, 왜 이렇게 눈도 맵고 코도 맵고, 콜록콜록. 고약한 냄새가 나?"

산불이 났는데 왜 나무나 풀 타는 냄새가 아니라 고약한 냄새가 나느냐며 화랑이가 의아해했어요.

"잘 봐. 저 산이 어떤 산인지!"

산이 코앞으로 다가오자 화랑이는 놀라 입을 다물지 못했어요. 이제야 이 산의 정체를 안 거죠. 사람들이 쓰레기들을 몰래 버리다 쌓여서 만들어진 산이라는 것을요.

활활 타오르는 더운 불길을 돌아 쓰레기 산 뒤로 날아갔어요. 구조 신호가 거기서 왔거든요.

"다람쥐들이잖아?"

화랑이가 나무 위에 매달려 떨고 있는 다람쥐들을 발견했어요.

"살려 주세요!"

"우리 좀 살려 주세요!"

이리저리 부는 바람 따라 불길이 옮겨붙어 다람쥐들이 도망갈 곳이 없었어요.

"걱정 마. 지미지요가 왔으니까!"

난 수프 주머니를 다급히 주물렀어요. 주머니 안에서 나온 그물이 커지면서 다람쥐 가족을 감싸 안았어요.

"우와, 다행이다. 너 정말 멋진 고양이, 아니 요괴로구나!"

화랑이는 감동했어요.

나는 다람쥐 가족을 다른 산으로 옮겨 주었어요.

"고맙습니다, 지미지요 요괴님."

다람쥐 가족이 허리를 접어 인사했어요.

벌벌 떨던 꼬마 다람쥐들이 비로소 편안해하는 걸 보니 나도 마음이 뭉클했어요. 정말 다행이에요.

하지만 다람쥐 엄마, 아빠 얼굴엔 여전히 근심이 가

득해요. 그동안 살아온 정든 숲을 떠나 갑자기 낯선 곳에 이사 왔으니 당연하지요.

"콜록콜록."

화랑이는 연기 속에서 매운 눈물을 쏟았어요.

"불, 불을 꺼야 하는 거 아니야? 불길이 퍼져서 멀리 숲까지 다 타고 있어."

기침하면서도 화랑이는 걱정했어요. 숲은 수많은 동물과 식물의 집이에요. 천연기념물과 멸종 위기 동물들도 살고 있지요.

"그건 내가 할 일이 아니야. 소방대원들이 꺼야 해. 물론 엄청 힘드시겠지만."

나는 화랑이를 데리고 높이 올라갔어요. 저 아래로 붉은 불길에 휩싸인 산봉우리들과 불을 끄는 물줄기들이 아우성치고 있어요. 밤새도록 소방대원 아저씨들이 고생할 거예요.

"대체 누가 저기에 불을 지른 거야?"

화가 난 화랑이가 콧김을 내뿜었어요.

"아무도 지르지 않았어. 꼭 집어 말하자면 모든 사람들이 저지른거지!"

"그게 무슨 소리야?"

"쓰레기들이 계속 쌓이면서 열이 발생하거든. 그래서 저절로 불이 나는 거야. 그것도 꽤 자주."

난 다시 화랑이 손을 잡고 둥실 떠올랐어요. 이제 인도로 서둘러 가야 해요.

"너 아까 그 산 잘 봤지?"

"그래. 쓰레기 산이었어. 비닐 쓰레기들이 엄청나더라. 어유! 아직도 비닐 타는 냄새가 지독해. 머리가 아파! 날 째려보지 마. 난 산에다 쓰레기 버린 적 없다고!"

드디어 화랑이가 준비가 된 것 같아요. 비닐봉지들을 그렇게 마구 쓰고 버리면 안 된다는 걸 배울 준비 말이에요.

"사람들이 버린 쓰레기들이 다 어디로 가겠니? 결국 쓰레기 매립지에 쌓아두거나 태워 버릴 수밖에! 그러니 쓰레기 산은 매일 매일 세계적으로 끝도 없이 높아지고 있어."

나는 최대한 조곤조곤 설명하며 날았어요.

"그중에서도 아무렇게나 버린 비닐 쓰레기들이 얼마나 많은지 봤지? 썩어 없어지려면 오백 년이나 걸리는 비닐이 매일 수도 없이 쌓이고 있다고!"

화랑이는 아직 별말이 없어요. 하긴, 말로만 쉽게 안 버리겠다고 약속하고 지키지 않는 아이보다 나아요.

"이러다 늦겠다!"

분명히 다람쥐 가족을 구했는데 또 마음이 불안해요. 구조 신호를 보낸 동물을 구하지 못했던 그때가 또 떠올라서요. 잊고 싶은 기억이에요.

오래전에 외국의 구조 현장 가는 길에 두더지와 족제비들이 급하게 구조 요청을 보낸 적이 있었어요. 의성 쓰레기 산에서 온 구조 요청이었어요. 구조 요청한 순서대로 갔더니 이미 늦었더라고요. 불이 너무 빠르게 번졌던 거예요.

사실, 그래서 여기 먼저 온 거지요.

"빨리 가자. 먼저 구조 신호를 보낸 건 인도 소였어!"

난 나쁜 꿈에서 깨듯 고개를 흔들었어요. 더 빨리 날려고 애썼어요. 마음이 너무 조급해져서요.

"소야, 조금만 더 기다려 줘!"

나는 온 힘을 다해 속도를 냈어요.

제발 먹지 마, 하얀 소야

목적지가 가까워졌어요. 착륙할 수 있게 서서히 속도를 줄였어요.

"와, 멋진 산이야. 엄청나게 크고 높다! 혹시 눈 쌓인 에베레스트야? 거긴 춥다고 들었는데?"

화랑이는 목적지가 가까워지자 함성을 질렀어요.

그런 소릴 할 만도 해요. 푸른 나무도, 바위도, 꽃도 없이 멀리서 보면 하얗게 보이는 데다 엄청나게 높고

크니까요. 자그마치 65m, 아파트 꼭대기만큼 높아요. 더구나 매일 자꾸만 높아지지요.

"아우, 그런데 이게 무슨 냄새야?"

발스와 매립지가 가까워지자 화랑이는 코를 감싸 쥐고 숨을 가쁘게 몰아쉬었어요.

"여긴 발스와 매립지야. 인도 델리라는 곳에 있어."

나는 화랑이를 데리고 꼭대기를 향해 올라갔어요.

"뭐어? 순식간에 외국으로 여행 온 거야? 콜록."

화랑이 목소리가 구름까지 닿을 듯 높이 올라가요.

"꼭대기에서 내려다보면 인도가 한눈에 다 보이겠다. 쿨럭."

화랑이는 지독한 가스와 냄새로 연신 기침하면서도 외국이라니까 들뜨나 봐요. 연신 사방을 신나게 둘러보았어요.

난 아무 말도 하지 않았어요. 어차피 곧 알게 될 테니까요. 이곳이 세계에서 손꼽히는 거대한 쓰레기 산이라는 걸요.

"믿을 수가 없어. 이게 다 쓰레기들이야?"

화랑이는 금세 알아차렸어요.

나는 귀를 쫑긋 세웠어요. 안테나처럼 예민한 내 두 귀가 구조를 요청한 동물에게로 이끌어 주거든요. 눈앞에 뿔부터 온몸이 하얀 소가 쓰러져 있어요.

"이봐, 정신 차려."

바로 맨 처음 내게 구조를 요청한 동물이에요.

"으으, 살려 주세요. 왜 이렇게 배가 아픈 거예요? 수, 숨도 못 쉬겠어요."

소들은 잠도 서서 자고, 웬만큼 아파도 서 있는 동물이에요. 누워 있는 하얀 소가 가쁜 숨을 몰아쉬는 게, 겁이 나요. 너무 늦은 건 아니겠죠? 배가 엄청나게 불룩해요.

얼마나 아픈지 커다란 눈에서 눈물이 흘러요. 나는 손을 펴서 배를 눌러 보았어요.

"이런, 배가 너무 딱딱해."

"내 손이 네 손보다 훨씬 크잖아. 내가 만져 볼게. 쿨럭쿨럭."

화랑이도 하얀 소의 배를 만져 보았어요.

"으으."

화랑이가 배를 누를 때마다 소가 너무 괴로워했어요.

"진짜 딱딱하네? 너무 많이 먹어서 이런 거야? 얼마나 먹었길래?"

화랑이는 두 손을 멈춘 채 어쩔 줄 몰라했어요.

난 눈을 가늘게 뜬 채 하얀 소의 배를 보았어요. 그렇게 하면 배 속이 훤히 보이거든요.

휴, 짐작했던 대로예요. 하얀 소의 배 속은 꽈배기처럼 배배 꼬인 비닐 쓰레기로 가득했어요. 누런 비닐, 검은 비닐, 온갖 비닐들이 소의 배를 꽉 틀어막고 있어요. 이 정도면 물 한 방울조차 배 속에서 흐를 수 없을 거예요.

나는 만능 수프 주머니에서 안경을 꺼내 화랑이 눈에 씌워 주었어요.

"으아악! 이게 어떻게 된 거야?"

화랑이는 눈을 휘둥그레 뜬 채 엉덩방아를 찧었어요.

"끙."

나는 가슴에서 털 열 가닥을 서둘러 뽑았어요. 그 위로 입김을 불어 보내며 외쳤어요. 나는 두 손을 모아 잡고, 꼬리를 하얀 소 배 위에 올렸어요. 눈을 감고 온 기운을 두 손에 모았어요.

그러자, 하얀 소 배에서 밧줄처럼 엮인 비닐 쓰레기들이 밖으로 나오기 시작했어요. 밧줄은 끝없이 계속 나와 바구니에 차곡차곡 담겼어요.

"어어, 이렇게 많은 비닐이! 얼마나 아팠니? 도대체 왜 비닐을 이렇게 먹은 거야, 하얀 소야?"

화랑이 눈에서 눈물이 방울방울 흘러내렸어요. 내가 기진맥진 지칠 때쯤에야 하얀 소를 모두 치료할 수 있었어요. 이제야 비닐이 다 나온 거예요. 이제야 하얀 소 입에서 신음이 그쳤어요.

"화랑아, 소에게 물 좀 먹여 줘."

나는 지쳐 누우며 말했어요. 화랑이가 내 만능 수프 주머니를 뒤져 물병을 꺼냈어요. 마개를 열고 물병을 소에게 갖다주었어요. 화랑이가 제법 조수처럼 느껴졌어요.

"고마워요."

소는 지친 숨을 몰아쉬면서도 고개를 숙였어요.

"소야, 대체 왜 이런 비닐을 먹은 거야?"

화랑이가 안타까운 목소리로 물었어요.

"비닐이 뭔데? 난 그냥 쌀을 먹었는걸."

하얀 소는 힘겹게 대답했어요. 아직도 배가 많이 아픈가 봐요. 나는 수프 주머니에서 털을 몇 올 뽑았어요. 후우, 하고 입김을 불자 하얀 소 배 위에 털이 내려앉았어요. 비로소 소는 편안해졌어요.

"저울을 찾아서 비닐 쓰레기 무게 좀 달아 봐."

화랑이에게 또 부탁했어요. 난 잠시 후에 다시 구조 활동을 해야 해요. 사실, 털을 뽑아 요술을 부리는 것은 에너지가 굉장히 많이 들어요. 화랑이가 있어서 조금이라도 쉴 수 있으니 좋아요.

"주머니가 완전히 마법 백화점이구나!"

가르쳐 주지 않아도 화랑이는 내 수프 주머니에 손을 넣어 대번에 저울을 찾아 들었지요.

"세상에, 100kg?"

밧줄 대야 밑에 저울을 넣어 본 화랑이가 소리쳤어요.

"하얀 소 한 마리에게서 나온 비닐이 자그마치 100kg이나 되다니!"

화랑이는 멍하니 선 채 입을 다물지 못했어요.

"큰일이야. 지난번 최고 기록은 92kg이었는데 또 넘어섰어!"

정말이지 갈수록 태산이에요.

"하얀 소야, 잘 들어 봐. 맛있는 쌀밥이나 채소가 들어 있더라도 이렇게 생긴 걸 다시는 먹으면 안 돼! 그걸 먹어서 아팠던 거라고!"

나는 비닐 쓰레기들을 보여 주면서 열심히 설명했어요.

"힘들어도 다시는 여기엔 오지 말고, 먼 길을 걸어서라도 꼭 신선한 풀을 찾아 먹어."

나는 하얀 소에게 다짐을 받았어요.

"정말 다시는 안 먹을 거지?"

화랑이도 소를 쓰다듬으며 다짐했어요.

"강아지들아, 저리 가. 이런 걸 먹으면 안 돼. 이건 음식이 아니라 음식 냄새만 나는 비닐 쓰레기라고!"

쓰레기 산에서 먹을 걸 찾는 개들에게도 호소했어요. 심지어 새들까지 쓰레기를 쪼아 먹고 있어요.

사람들은 하필 썩지 않는 비닐에 음식 재료나 음식을 포장해서 팔아요. 그러니 비닐에서는 여전히 음식 냄새가 나요. 음식이 묻어 있기도 하고, 심지어 봉지에 음식이 그대로 담겨 있기도 해요. 그러니 동물들이 음식인 줄 알고 그 비닐들을 질겅질겅 씹어 삼키는 거지요.

"계속 먹으면 저 소처럼 아프게 돼. 훠이훠이!"

우리는 발로 쿵쿵 구르고 손짓을 하고, 설명하고 또 설명하며 동물들을 쫓았어요. 그리고 정말 속상하지만,

소 안에서 나온 비닐 100kg을 쓰레기 산에 그대로 올려두어야 했어요.

내가 아무리 요술을 잘 부리고, 초능력을 쓰는 요괴지만 불가능한 일이 몇 가지 있어요. 그중 하나가 바로 500년이 지나도 썩을까 말까 한 비닐을 사라지게 하는 것이에요.

쓰레기들 속에서 비닐은 좀비 같은 존재예요. 나를 봐요. 나로 말할 것 같으면 대한민국 최초로 만들어진 라면 봉지예요. 1963년 9월 15일에 태어났지요. 고양이 일생으로 따지면 몇 번을 죽었다가 태어나도 끝나지 않는 긴 시간이에요.

앞으로도 얼마나 오래 살아야 할지 몰라요. 난 요괴가 되었지만 끝없이 계속 살고 싶지는 않아요. 내 소원이 뭔지 알아요? 빨리 흙이 되어 풀과 나무와 꽃을 피워

새로운 생명으로 태어나는 거예요.

　옛날 생각이 나네요. 내가 라면 고양이 요괴, 라면냥이 되기 전 말이에요.

고물당
구조 센터

난 라면 봉지로 태어났어요. 하지만 라면을 품었던 건 겨우 사흘뿐이었지요. 그리고 바로 쓰레기장에 버려졌어요.

그때는 겨울이었어요. 횡하니 바람이 불어왔어요. 추위에 떨며 종량제 봉투 끄트머리에 매달려 있던 나는 바람에 날려갔어요.

여기저기 굴러다니던 어느 날이었어요. 난 작은 야산

에 앉게 되었어요. 그곳에서는 여러 가지 채소가 자라는 밭이 보였어요. 농부들은 음식 쓰레기도 밭에 뿌리더군요. 씨앗이 싹을 틔우고 자라는 데 도움이 될 거라면서요. 심지어는 똥으로 만든 거름도 뿌려 주었어요.

야산에서 만난 여러 쓰레기들도 땅에 묻혀 조금만 자고 있으면 자기들은 흙이 될 거라고 했어요. 제일 먼저 나뭇잎과 음식 쓰레기들이 새로운 생명으로 함께 피어나며 좋아했지요.

봄이 되어 촉촉한 땅에서 여러 싹이 터서 자라는 걸 아주 오랫동안 지켜봤어요. 슬펐어요. 라면 봉지로 태어난 나는 생명이 자라도록 흙에 영양을 주는 게 아니라 생명이 자라지 못하도록 흙을 망치는 존재라는 걸 알았으니까요. 나도 생명을 키우고 흙을 이롭게 하는 존재가 되고 싶었어요. 그건 마치 다시 태어나는 것 같잖아요.

그러던 어느 날 배가 불룩한 어미 고양이가 날 발견했어요. 어미 고양이는 날 물고 작은 굴속에 들어갔어요. 새끼를 낳기 위해 새로 마련한 집이었어요. 어미 고양이는 나 말고도 신문지 같은 종이도 여러 겹 주워다 깔고 귀여운 새끼들을 네 마리나 낳았어요. 어미 고양이는 내 덕분에 땅이 축축할 때에도 새끼들 털이 젖지 않는다며 좋아했어요.

그때는 정말 행복했어요. 내가 그토록 부러워했던 존재들, 마치 흙에 영양을 주어 새 생명으로 태어나는 쓰레기들처럼 나도 가치 있게 느껴졌어요.

하지만 행복한 시간은 짧았어요. 하늘이 잿빛이던 어느 날이었어요. 먹이를 구하러 간 어미 고양이가 덫에 걸리고 말았어요. 어미 고양이는 어떻게든 탈출하려고 애썼어요. 돌아와서 새끼들을 돌봐야 했으니까요. 하지만 소용없었어요. 점점 더 고통만 커질 뿐이었지요.

그때 나는 혼자서 움직일 수 없는 평범한 라면 봉지였지요. 움직일 수 있었다 해도 라면 봉지인 내가 무얼 할 수 있었겠어요? 그저 눈물만 뚝뚝 흘리며 어미 고양이를 바라볼 뿐이었어요.

그때 쓰레기차가 올라오는 게 보였어요. 우리가 살고 있던 평화로운 야산이 새로운 쓰레기 매립지로 정해졌던 거지요.

나야 어차피 땅에 묻혀도 썩지 못하는 몸, 하지만 아직은 혼자서 아무것도 못 하는 꼬물꼬물 새끼 고양이들은 어떡하지요? 죽어 가면서 그런 아기들을 지켜봐야 하는 어미 고양이는 어떡해요? 너무나 가슴 아팠어요.

하필 차가운 비까지 내리기 시작했어요. 마치 우리가 눈물을 흘리는 듯 비가 주룩주룩 쏟아졌어요. 쓰레기차가 올라오며 동굴 앞에 쓰레기를 쏟아부으려던 찰나였어요.

"제발 우리 새끼들을 살려 주세요!"

어미 고양이가 하늘을 보며 소리 높여 울었어요. 나도 함께 하늘을 보고 빌었어요. 하지만 우리 기도에는 아랑곳없이 하늘에서는 차가운 눈까지 쏟아져 내렸어요.

'처음으로 저를 쓸모 있게 만들어 준 어미 고양이를 도와주고 싶어요. 새끼 고양이들을 지킬 수 있게 힘을 주세요!'

동굴 속까지 쏟아지는 빗줄기를 맞으며 하늘을 향해 간절히 빌었어요.

그때였어요. 우박들 속에서 황금색 구슬 하나가 위로 솟구쳐 올랐어요. 그리고 그대로 허공에 멈췄어요. 빗방울들과 우박에 부딪히자 구슬은 햇빛보다 찬란히 빛

나기 시작했어요.

엄청나게 환한 햇살이 나와 어미 고양이 위로 쏟아져 내렸어요. 우리 얼굴에 쏟아져 내리던 빗방울이 마르기 시작했어요. 그리고 가슴이 따뜻해졌어요.

다음 순간, 어미 고양이의 영혼이 덫을 떠나 내 몸 안으로 들어왔어요. 나와 어미 고양이가 하나가 된 거지요. 주변의 빗방울들이 환한 햇살 속으로 몰려왔어요. 그리고 햇살에 반짝이며 글자를 만들기 시작했어요.

요괴, 라면 고양이! 너를 지구의 미래를 지키는 100번째 요괴 대원으로 임명하노라. 첫 번째 임무는 어미 잃은 새 생명들을 지켜 주는 일이니라. 그 임무를 완수한 후에는 전 세계에서 구조를 요청하는 동물들을 구해 주거라. 너와 같은 비닐 때문에 아프게 된 동물들을 살리게 되리라.

앞으로 내가 해야 할 일들을 보여 주는 글이었어요. 그토록 바랐던 소원이 이루어졌어요. 드디어 나도 쓸모 있는 존재가 된 거예요.

라면냥이 되어 제일 먼저 한 일은 아기 고양이들을 안아서 안전한 곳에 데려가 기르는 거였지요. 그 고양이들이 다 자란 후에는 오늘처럼 비닐 때문에 위험해진 동물들을 구해 주게 되었지요.

화랑이 덕분에 잠시 쉰 나는 에너지가 완전히 충전됐어요.

"빨리 가야지. 고쿨담 구조 센터에서 구조 요청이 왔었거든. 매일 소 수십 마리가 실려 오는 곳이야. 분명히 비닐 먹은 소가 구조를 요청했겠지."

인도에는 소들이 유난히 많아서 집 없는 소들도 많아

요. 길거리에는 아무렇게나 버린 쓰레기들과 시꺼먼 물이 많고요. 그러니 소들은 비닐 쓰레기와 시꺼먼 물을 먹지요.

그래서 소들을 구조하는 구조 센터가 있는 거예요. 그런데 왜 그곳에서 구조 요청이 온 걸까요? 구조 센터 수의사 선생님들은 지미지요도, 이 라면냥의 존재도 모르는데요. 말했잖아요. 어른들은 요괴를 믿지 않는다고요.

다시 생각하니 이건 보통 일이 아닌 것 같아요. 갑자기 마음이 불안해져요. 난 화랑이를 데리고 다시 날아올랐어요. 우리 발아래로 마을의 집들과 길, 그리고 사람들의 모습까지 고스란히 보여요.

"저 아이들은 왜 집 안에만 있는 걸까? 나와서 놀지 않고."

화랑이가 집 안에서 밖을 내다보고 있는 꼬마 아이들

을 보고 물었어요.

"온갖 쓰레기에서 유독 가스가 나와. 저런 공기를 마시고 놀면 병이 드니까 놀고 싶어도 참는 거지. 불이 나면 더 심하고."

내 말에 화랑이 어깨가 축 쳐졌어요. 역시 화랑이는 따뜻한 아이예요.

"어? 뭐야?"

목적지가 가까워지자 화랑이 눈이 둥그레졌어요. 안 놀라면 안 되죠. 어린이가 이걸 보고 놀라지 않으면 지구의 미래에 희망이 없는 거예요.

저 아래 거대한 산맥처럼 솟아 있는 쓰레기 봉우리 위로 시꺼먼 연기가 화산처럼 솟아오르고 있어요.

"켁켁. 또 쓰레기가 열이 나서 불 난 거야?"

"아니야! 사람들이 쓰레기를 태우는 거야. 너무 많으

니까 별수 없이 태우는 거지."

"어휴, 너무 한다. 저렇게 시꺼먼 연기들이 다 어디로 가나?"

까만 하늘을 보며 화랑이가 슬픈 표정을 지었어요.

마을 사람들이 기침하는 소리가 계속 들려와요.

"저 불을 꺼야지, 왜 계속 날아가는 거야? 쿨럭."

화랑이가 내 속도 모르고 날 흘겨봐요.

"나야말로 얼마나 속상한데! 하지만 내 의무는 구조라니까."

정말이지 난 매일, 항상 속상해요.

이렇게 비닐 쓰레기들이 넘쳐서 지구에서 수많은 생명이 죽고 있는데 여전히 매일 새로운 쓰레기 산이 세워지니까요. 그 안에는 또 썩지 않는 비닐이 가득하고요.

"저기야. 고쿨담 구조 센터."

난 수프 주머니를 눌러 바닥에 착륙했어요. 우리 앞에는 막 차에 실려 온 까만 소가 보였어요. 구조 센터에는 이미 소들이 많았어요. 이 고쿨담 구조 센터에는 거의 500마리의 소가 입원해 있어요. 가끔 소들이 나아서 숲으로 돌아갈 때는 정말 행복해요.

하지만 엄청나게 아파하다가 세상을 떠나는 소들도 있어요. 소들은 왜 자신의 배가 그렇게 커다랗게 부풀어 올랐는지, 왜 그토록 아픈지 모른 채 하늘나라로 떠나지요. 그래서 동물들을, 생명을 지켜 줄 지미지아들을 키우는 거예요.

"사, 살려 주세요."

신음하는 소리가 입원실에서 들려오고 있어요.

"아이고, 이 소는 힘들겠어요. 수술해서 비닐과 쓰레기를 꺼낸다 해도 회복하지 못할 것 같아요."

어린 송아지 앞에서 수의사 선생님들이 걱정하고 있어요. 갈비뼈가 툭툭 불거진 만큼 말랐는데도 배는 금방이라도 빵 하고 터질 듯 부풀어 있어요.

"제 생각에도 너무 늦은 것 같아요."

어떡하지요? 수의사 선생님들이 다른 입원실로 가야 내가 저 송아지를 구할 텐데요! 비닐 쓰레기가 송아지 몸에서 저절로 뽑혀 나오는 모습을 보면 수의사 선생님들이 놀라 기절하실 테니까요. 난 화랑이가 보건 말건 안절부절 어쩔 줄 몰랐어요. 벌써 송아지의 눈이 감겨 가고 있어요.

"내가 살려 줄게. 힘내, 힘!"

나는 초조하게 송아지 주변을 빙빙 돌아다녔어요. 그때 구조차가 막 도착했어요.

"위급한 암소가 도착했습니다. 출산이 임박한 소예

요."

구조차에서 내린 수의사 선생님이 외쳤어요. 출산이 임박했다는 말은 곧 아기를 낳을 거라는 뜻이에요.

"그럼 새끼까지 위험하겠는걸?"

방금 도착했다는 소를 향해 떠나려던 수의사 선생님들은 하얀 송아지를 안쓰럽게 바라봤어요.

"미안하다, 송아지야."

송아지를 쓰다듬는 선생님들 눈에 눈물이 그렁그렁해요. 송아지를 아프게 만든 건 다른 사람들인데 말이에요. 그리고 수의사 선생님들은 새로 들어왔다는 소를 향해 달려갔어요.

난 바로 하얀 송아지 배에 손을 얹었어요. 송아지 배 속에 비닐 쓰레기들이 금방이라도 터질 듯 차올라 있어요. 소들은 뭐든 먹으면 배 속에서 계속 돌면서 소화가 되거든요. 그래서 비닐들이 밧줄처럼 단단히 꼬여 장을 막고 또 막는 거예요. 결국 비닐 쓰레기를 먹는 소들은 모두 죽어 가고 있는 거예요.

　화랑이는 재빨리 내 만능 수프 주머니에 손을 넣었어

요. 안경을 꺼내서 쓰고 송아지 배를 들여다봤어요.

"으으, 어떡해!"

화랑이가 방방 뛰었어요.

나는 조심조심 비닐 밧줄들을 뽑아냈어요.

"송아지야, 라면냥이 금방 살려 줄 거야. 조금만 참아!"

계속 나오는 비닐 더미들을 화랑이가 담고 또 담았어요.

"으으."

송아지의 커다란 눈이 점점 희미하게 감겨갔어요.

"제발 힘을 내. 조금만 참으면 고통을 다 없애 줄게!"

난 간절히 빌었어요.

'제발, 제발 송아지야! 그때까지 견뎌 줘!'

난 애가 닳았어요. 마음은 급한데 검정, 파랑, 노랑,

보라, 빨강, 분홍, 하양 비닐봉지들은 야속하게도 계속 나왔어요.

"살 수 있어. 조금만, 조금만 견뎌 줘."

나는 비닐 쓰레기를 뽑아내며 계속 송아지를 불렀어요. 부디 비닐봉지 행렬이 어서 끝나기를 간절히 빌었어요.

"송아지야, 정신 차려!"

화랑이가 송아지 얼굴을 비비며 울었어요. 하지만 비닐을 모두 꺼내는 그 순간, 송아지는 눈을 감고 말았어요. 고통을 없애 주려고 손을 배에 대려던 순간이었어요.

나는 슬퍼서 어쩔 줄 몰랐어요.

'조금만, 조금만 더 버텼더라면 내가 다 낫게 해 줬을 텐데!'

"이건 말도 안 돼!"

화랑이가 털썩 바닥에 주저앉았어요.

"믿을 수가 없어! 왜 이렇게 비닐 쓰레기가 많아? 왜 이걸 먹는 거야?"

화랑이가 아기처럼 발을 내저으며 울었어요.

숨진 송아지가 너무나 불쌍해요. 모두 내 탓이에요. 내가 조금만 빨리 왔더라면, 아까 쓰레기 산에서 옛날 생각을 조금만 덜 했더라면, 그래서 송아지에게 먼저 왔더라면 어떻게 됐을까요? 울음이 터져 나왔어요.

내가 더 능력이 많은 요괴라면 얼마나 좋을까요? 한 번에 이곳저곳 동시에 다 출동할 수 있는 분신술을 어떻게 하면 배울 수 있는 걸까요?

"네 탓이 아니야, 라면냥."

울어서 퉁퉁 부은 눈으로 화랑이가 날 위로했어요.

"넌 최선을 다했잖아."

하지만 위로가 되지 않아요.

"난 너무 힘이 약해! 하루에도 수십 마리의 소가 위독해져. 아무리 비닐은 음식이 아니라고 말해 줘도 소용없고, 매일 쓰레기 산은 새롭게 생겨나고, 사람들은 버리고 또 버리고."

울음이 터져 나왔어요. 내가 아무짝에도 쓸모없는 요괴처럼 느껴져요.

"움무어어어."

그 순간 고통스러운 비명이 터져 나왔어요. 아까 구조차에 실려 왔던 어미 소에게서 나는 소리였어요.

나는 뱅그르르 땅을 굴러 어미 소 곁으로 점프했어요. 어미 소 곁에는 수의사 선생님들이 꺼낸 비닐 더미가 쌓여 있어요. 어미 소 배에는 비닐을 꺼내느라 수술한 자국이 그대로 남아 있었어요.

"어유, 수술해서 저 많은 걸 꺼냈다니! 얼마나 아팠을까?"

화랑이가 또 울먹였어요.

하지만 어미 소가 우는 이유는 자신의 배가 아파서가 아니었어요. 옆에는 갓 태어난 어린 송아지가 누워 있어요. 배 속에서 잘 자라지 못했는지 몹시 작고 말라 있지만, 사랑스러운 모습이었어요.

하지만 수의사 선생님이 커다란 천을 송아지 머리 위까지 덮어 주었어요. 송아지가 하늘나라로 갔다는 뜻이에요.

"아가, 움머어어어!"

어미 소가 또다시 구슬프게 울었어요.

"이렇게 많은 비닐을 버리다니! 사람들 정말 정말 나쁘다."

화랑이가 꺼이꺼이 울며 외쳤어요. 난 멀리 보이는 거대한 쓰레기 산을 노려보았어요. 화랑이에게 '너도 쓰레기를 많이 버리지 않았냐'고 따져야 한다는 걸 알아요. 하지만 아무 말도 하고 싶지 않아요.

소들이 누비던 풀밭을 삼켜 버리고 서 있는 거대한 쓰레기 산이 오늘따라 괴물처럼 보여요. 내 힘이 약한 건 사실이에요. 그러나 멈출 수는 없겠지요.

하지만 과연 저 산이 커지고, 봉우리가 늘어나는 속도를 내가 늦출 수도 없는 걸까요? 그렇다 해도 난 끝까지 노력할 거예요.

"아가야. 움머어어어."

어미 소의 슬픈 울음소리가 슬픈 바람이 되어 내 가슴에 불고 또 불었어요.

수프 주머니가 흔들거렸어요. 또다시 구조 신호가 울

려요.

"라면냥, 이거 구조 신호지? 빨리 가자."

화랑이가 나를 흔들었어요. 이젠 화랑이가 어른 같아 보여요.

"얼른 가자. 이번엔 꼭 구해야지."

화랑이 덕분에 난 정신을 가다듬었어요.

"그래. 어서 가서 구해야지."

수프 주머니를 눌렀어요. 우리 둘은 하늘 높이 올라갔어요.

원래 코끼리 땅이었는데

삐리리릿 구조 신호가 점점 강해지는 곳에 내리자, 한층 더 지독한 냄새가 가득했어요.

"라면냥, 여기는 어딘데 이렇게 냄새가 지독해? 머리 아파."

화랑이가 한 손으로 코를 싸쥐고, 한 손으로는 이마를 짚었어요.

"여기는 스리랑카야. 코끼리 보호 구역이지."

"맞다. 스리랑카엔 코끼리가 많지?"

동물을 좋아한다는 화랑이는 금세 미소를 지었어요.

저 멀리 코끼리들의 행렬이 보여요. 귀여운 아기 코끼리들과 귀를 나풀거리는 커다란 어른 코끼리들까지, 코끼리 여러 마리가 이동하고 있어요.

"평화로워 보이는데 누가 구조 요청한 거야?"

흔들흔들 코를 흔들며 걸어가는 코끼리들을 보고 화랑이가 말했어요.

"화랑아, 저 코끼리들이 어디로 가는지 알아?"

"글쎄, 밥 먹으러 가는 것 아니야?"

"맞아, 그런데 그 밥이 문제지."

코끼리들이 가는 곳은 푸른 풀밭이 아니었어요.

코끼리들은 하얀 들판을 향하고 있어요.

"밥 차가 오는 소리가 들린다. 서두르자."

대장 코끼리가 성큼성큼 걸음 폭을 넓혔어요. 그 뒤를 따르는 코끼리들도 걸음을 서둘렀어요.

"어? 밥을 먹으러 가는 코끼리들이 하나같이 배가 불룩해. 아까 본 소들처럼."

화랑이가 걱정스러운 얼굴로 말했어요.

"제발 멈춰요. 더는 안 돼요!"

행진하는 코끼리들 사이에서 어린 코끼리가 소리치고 있어요.

"우리 엄마도 밥 차 음식을 먹고 돌아가셨어요. 제발 밥 차에 가지 마세요."

아기 코끼리 얼굴은 너무나 슬퍼 보였어요.

츄르르르릉!

반대편에서 하얀 들판을 달려오는 요란한 소리가 울렸어요.

트럭들의 소리였어요. 쓰레기를 수북이 싣고 올라오는 쓰레기차들이에요.

"고약한 냄새가 나는 건 당연한 거였구나."

화랑이가 중얼거렸어요.

"저 하얗고 소복하게 올라온 거대한 들판이 쓰레기 언덕이었다니!".

"화랑아, 저 차들을 보니 어때?"

줄줄이 올라오는 쓰레기차 행렬을 보는 화랑이에게 물었어요.

"세상에서 가장 끔찍한 모습이야."

화랑이가 걱정스러운 얼굴로 중얼거렸어요.

"사람들이 이렇게 많은 쓰레기를 버릴 줄 몰랐어. 인도, 스리랑카 사람들은 왜 그래?"

화랑이는 화가 나 보였어요.

"아직도 모르겠니? 이 쓰레기들은 전 세계에서 온 거라고."

"어유, 나쁜 사람들. 도대체 어느 나라 사람들이 이렇게 많이 버리는 거야?"

거기까지 말했을 때 요란한 소리가 들려왔어요.

그와아앙!

허연 들판에 먼저 도착한 쓰레기차가 쓰레기들을 쏟아붓기 시작했어요. 쏟아져 내리는 엄청난 양의 쓰레기들 때문에 주변은 온통 먼지와 매캐한 공기로 에워싸였어요.

"콜록콜록."

화랑이는 기침을 자꾸만 해 댔어요.

쿠구우르릉!

쓰레기차들은 도착하는 순서대로 쓰레기를 붓고 또 부었어요.

"밥을 퍼 내린다. 어서 가자."

대장 코끼리 구령에 맞춰 코끼리들은 저벅저벅 걸음을 서둘렀어요.

"세상에, 코끼리들이 말한 밥 차가 쓰레기차야? 쓰레기 먹으러 가? 왜?"

화랑이는 그제야 알아차렸어요.

"사람들이 쓰레기 산을 더 세울 곳이 없으니까 코끼리들의 땅에 쓰레기 매립지를 만든 거지."

"그래도 쓰레기를 먹지 않고 풀만 먹으면 되지!"

"코끼리는 몸집이 큰 만큼 엄청나게 많이 먹어야 해.

풀을 먹으려면 종일 풀을 뜯어야 하지. 게다가 저 좁아진 숲의 풀은 얼마 못 가 사라질 거고."

"너무 하네. 사람들은 코끼리보다 쓰레기를 중요하게 생각하는 거야?"

"너도 이제 알겠지? 쓰레기들에는 코끼리들이 먹을 수 있는 음식들이 섞여 있지. 비닐에 섞여서 말이야. 그래서 쉽게 배 불리 먹을 수 있고 계속 자동으로 채워지지."

"그런데 그 음식이 쓰레기니까 문제지."

"맞아, 그것도 비닐 쓰레기가 가장 많으니 걱정이지. 소화되기는커녕 배 속을 꽉꽉 틀어막는 비닐들 말이야."

아무리 코끼리 배가 커도 계속 비닐을 먹다 보면 장이 막혀 위험하다고 화랑이에게 설명해 줬어요. 난 그렇게 죽은 코끼리를 많이 봐 왔거든요.

"아줌마, 아저씨! 저건 밥이 아니에요. 형! 누나! 제발 멈춰."

어린 코끼리가 형, 누나 꼬리를 코로 휘어 감으며 외치고 다녔어요.

"저리 비켜."

하지만 모두 귀찮게 여길 뿐이었지요.

"그런데 구조 신호는 대체 누가 보낸 거야?"

"저 어린 코끼리야. 이 코끼리들을 살려 달라고 구조 요청을 한 거 같아."

얼마 전 아기 코끼리 엄마가 비닐을 먹어 숨을 거두고 말았거든요. 더는 엄마처럼 세상을 떠나는 코끼리를 보고 싶지 않은 거지요.

"그러니까 이 코끼리들을 말려 달라는 거구나? 우리

가 어떻게 막아? 이렇게 큰 코끼리들을!"

화랑이의 얼굴에 걱정이 가득했어요. 지미지아다워요. 이미 동물 구하는 일을 자기 일로 여기고 있어요.

그런데 난감하기는 나도 마찬가지예요. 이런 구조 요청은 처음이거든요. 수프 주머니에서 나오는 에너지로 동물들을 치료할 뿐, 설득하는 전문가는 아니니까요.

하지만 난 구조 요청에 꼭 도움을 줘야 해요.

"위험성을 알려 줄 좋은 방법이 없을까?"

머리를 짜 보아도 뾰족한 수가 떠오르지 않으니, 나도 모르게 화랑이에게 물어보고 말았어요.

아기 코끼리는 어른 코끼리들을 한 마리 한 마리 설득하고 있었어요. 물론 아무 소용 없어요. 사람이나 동물이나 마찬가지예요. 어른들은 어린이 말은 귀담아듣지 않아요.

"어? 아무래도 저 코끼리가 위험해."

나는 코끼리 대열에서 갈수록 뒤로 처지는 아줌마 코끼리를 발견했어요. 그 곁에는 태어난 지 얼마 안 되어 보이는 조그만 아기 코끼리가 있었어요. 나는 아줌마 곁으로 날아갔어요.

"허어억, 허어억. 배가 끊어질 것 같아. 너무 아파서

숨을 쉴 수가 없어."

아줌마는 후들후들 흔들리며 위태롭게 걸음을 옮겼어요. 양쪽 엉덩이 사이에 비닐 더미가 달랑거리고 있어요. 배 속에서 바깥으로 나오지 못하고 매달려 있는 거지요. 갑자기 화랑이가 쓰레기 위에 풀썩 주저앉았어요.

"이, 이럴 수가!"

코끼리 엉덩이의 비닐 쓰레기 속에 한국 라면 봉지가 보였어요. 화랑이가 좋아하는 라면이지요. 화랑이는 천천히 주변을 살펴봤어요. 오늘 실려 온 쓰레기 속에서 한글이 적힌 비닐 쓰레기들을 찾고 있는 거예요.

"서, 설마 내가 버린 걸 먹고 아픈 건 아니지?"

"그야 모르지."

"내가…… 동물들을 아프게 한 거야?"

화랑이는 충격을 받았어요.

"이제 알겠어? 한국에서 온 쓰레기는 인도에도 있었어. 사람들이 버린 온갖 쓰레기들이 결국 어디로 가겠니? 쓰레기는 결코 사라지지 않아. 매일 엄청난 양의 쓰레기가 태어나지. 그중에서도 비닐 쓰레기들은 동물들과 땅을 위협해. 결국, 사람들의 생명을 위협한다고."

나는 최대한 짧은 시간에 설명하느라 빠르게 말했어요.

그리고 아기 코끼리를 향해 날아갔어요.

화랑이는 멍하니 자신의 주변을 살폈어요. 그러다 물을 핥아 마시고 있는 누런 털빛의 강아지를 보았어요. 쓰레기 사이로 흐르는 새까만 물이었지요.

"안 돼, 마시면 안 돼. 더럽단 말이야!"

화랑이는 강아지를 손짓으로 쫓았지만 소용없었어요. 두어 걸음 물러섰다 다시 다가와 시꺼먼 물을 마셨어요. 어쩔 수 없는 거예요. 이렇게 쓰레기가 쌓인 곳에 깨끗한 물이 있을 리가 없잖아요.

주변에는 공작새와 개, 까마귀, 수많은 동물이 쓰레기 속에서 음식을 찾고 있어요. 코끼리들은 방금 부은 쓰레기들을 향해 다가오고 있어요. 난 다시 어린 코끼리 곁으로 날아갔어요.

"얘, 네가 구조 요청했니?"

"와 주셨군요? 제 이름은 아찰라예요. 제발 우리 좀 살려 주세요. 발길을 멈춰 주세요."

"강제로 발걸음을 묶어 두는 건 잠깐이야. 중요한 건 코끼리들에게 알리는 거지. 더 중요한 건 사람들을 설득하는 거고!"

나는 발톱을 드러낸 후, 양 손바닥을 부딪혔어요. 손바닥에서 요괴의 기운이 코끼리들에게 뻗어 나갔어요.

코끼리들의 걸음이 멈추었어요. 어리둥절한 눈으로 서로 마주 봤어요.

하지만 저 멀리 뒤쳐진 아줌마 코끼리에게까지 요괴 마법이 미치진 못했나 봐요. 여전히 걸음을 옮기려 애쓰고 있어요.

아픈 코끼리를 향해 가려던 순간이었어요. 힘겹게 걸음을 떼던 아줌마 코끼리가 바닥에 쿵 하고 쓰러져 버렸어요.

"으왕, 엄마!"

아줌마 곁을 따라 걷던 아기 코끼리가 울음을 터뜨렸어요.

"쿠마라 아줌마!"

아찰라가 아픈 코끼리에게 달려갔어요. 걸음을 멈춰서 있던 코끼리들도 뒤돌아보았어요. 모두들 아줌마가 왜 쓰러졌는지 이유를 궁금해했어요.

화랑이와 함께 아줌마에게 다가갔어요.

"아가, 우리 아가……."

아니나 다를까 가쁜 숨을 몰아쉬는 아줌마 배 속은 비닐 쓰레기로 가득했어요. 마치 너무 크게 분 풍선처럼 빵하고 터질 것만 같아요.

아줌마 배에 막 손을 얹으려는 순간, 눈을 감고 말았어요. 조금만, 조금만 더 버텨 줬더라면 아프지 않게 고쳐 줬을 텐데!

"쿠마라 아줌마!"

아찰라가 엉엉 울었어요.

"벌써 쓰러졌어야 할 만큼 아프면서, 아기를 지키려고, 아기를 위해서 힘을 냈던 거야. 그걸 알아챘어야 했는데!"

화랑이 앞에서, 아찰라 앞에서 난 울 수 없어요. 울 자격도 없어요.

"그거 이리 줘 봐."

그치지 않을 것처럼 울던 화랑이가 갑자기 수프 주머니에 손을 넣었어요. 안경을 꺼내 들고는 코끼리들을 향해 달리기 시작했어요. 화랑이가 무슨 생각을 했는지 알 것 같아요. 난 쿠마라를 안았어요.

"화랑아, 내 꼬리를 잡아."

화랑이가 날 잡자마자 난 땅을 박차고 떠올랐어요. 아줌마를 안은 채 코끼리 무리에게 날아갔어요.

조그만 고양이와 사람의 아이가 쿠마라 아줌마를 안고 날아오니 모두들 눈이 둥그레졌어요.

영문을 모른 채 서 있는 대장 코끼리 눈에 화랑이가 안경을 씌워 줬어요.

"쿠마라 아줌마를 보세요."

화랑이가 대장 코끼리에게 외쳤어요.

"이, 이럴 수가!"

대장 코끼리는 풀썩 주저앉았어요. 그제야 쿠마라 아줌마가 아픈 이유와 그동안 코끼리 주민들이 죽어 간 이유를 알게 된 거지요.

"아줌마! 엉엉."

아찰라가 쿠마라 아줌마를 안고 소리쳐 울었어요.

"제발, 비닐을 먹지 마세요. 우리 엄마도, 쿠마라 아줌마도, 꺼이꺼이."

아찰라는 더이상 말을 잇지 못했어요.

아줌마 곁으로 아기 코끼리가 다가왔어요.

"엄마, 일어나세요!"

아기 코끼리는 쿠마라 아줌마를 코로 자꾸만 쓸었어

요. 화랑이는 눈물을 흘리며 주변을 바라보았어요. 여기저기 코끼리들이 싸 놓은 똥들이 보여요. 그 안에는 비닐들이 가득 섞여 있어요. 화랑이 얼굴이 괴로워 보여요.

"엄마! 엄마!"

아기 코끼리가 아줌마를 안고 울었어요.

"잠깐만, 아줌마 배가 희미하게 움직이는 것 같아."

화랑이가 소리쳤어요.

아까 아줌마가 정말 숨을 쉬지 않는지 코에 손을 대 보진 않았어요. 분명히 죽은 것처럼 보이는데, 아줌마가 죽었다는 걸 한 번 더 느낄 용기가 나지 않아서요. 아까 소들이 죽어서 너무나 슬펐거든요.

정말이에요. 아줌마 배가 조금씩 움직이는 듯, 엷디엷은 호흡이 보였어요. 난 아줌마 배에서 서둘러 비닐을 빼냈어요.

"꼬마야, 엄마를 불러. 아줌마, 힘내요."

화랑이도 소리쳤어요. 아줌마가 힘을 낼 수 있도록 응원하는 거예요.

"엄마, 엄마!"

쓰레기를 거의 다 꺼냈어요. 아줌마가 버텨 줄 것 같아요. 아기를 살리고 싶으니까요. 나와 함께 있는 엄마 고양이처럼요. 그땐 내가 그냥 라면 봉지여서 아무것도 못 했지만, 이번엔 달라요. 꼭 아줌마를 살릴 거예요.

쓰레기를 꺼낸 후, 수프 주머니에서 털을 몇 올 뽑았어요.

후우, 하고 입김을 불자 하얀 소 배 위에 털이 내려앉았어요. 이제 아줌마는 아프지 않을 거예요.

"아가, 울지 마."

그때 아줌마가 말했어요. 코로 아기 코끼리를 감싸면서요. 그리고 거짓말처럼 아줌마는 일어섰어요.

"엄마!"

아기 코끼리가 좋아서 껑충거려요.

"후우—우우루룰."

아줌마는 우렁차게 소리쳤어요.

"후우루우우웅!"

코끼리들은 기쁨에 찬 함성을 질렀어요. 그리고 대장 코끼리와 함께 모두들 쓰레기 언덕을 내려갔어요.

"고마워!"

우리에게 고맙다는 인사도 잊지 않았어요. 아찰라는 몇 번이나 돌아봤어요.

"진짜 잘됐다."

화랑이는 코를 팽 풀었어요. 자꾸만 눈물이 주룩주룩

흘러요. 사람들은 너무 행복해도 울 때가 있다더니, 지금 화랑이가 그런가 봐요. 그러다 다시 생각에 잠긴 표정을 지었어요.

"모두가 다 행복하면 좋을 텐데."

화랑이는 쓰레기 때문에 아파하던 사람들을 생각하나 봐요.

쓰레기가 불에 탈 때마다 콜록거리던 사람들, 동물들, 집 안에 갇혀 있던 어린이들…….

"미안해. 애들아."

화랑이가 훌쩍이며 중얼거렸어요.

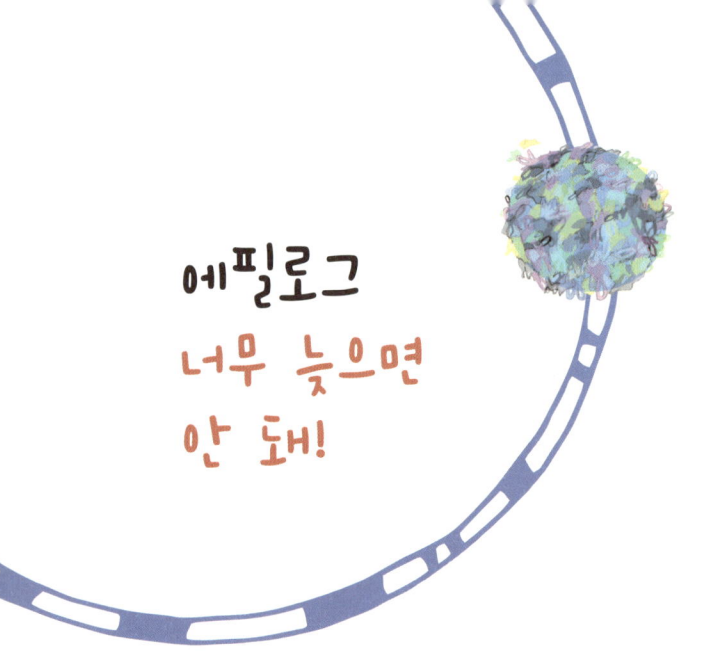

에필로그
너무 늦으면 안 돼!

드디어 요괴의 하루가 끝이 났어요.

이제 다른 요괴 단원이 일하는 동안 쉴 수 있지요.

"어떻게 도와주지?"

화랑이는 집에 돌아오는 내내 생각에 잠겨 있어요. 어떻게 쓰레기 산이 높아가는 걸 막을까 걱정하는 거예요.

"화랑아, 요괴가 되었어도 처음엔 내 처지가 슬펐어.

난 지구를 썩게 만들기 위해 태어났다는 느낌이 지워지지 않았거든."

"불쌍한 우리 라면냥."

"태어나지 말았더라면 좋았겠다고 생각했지. 하지만 그걸 알고 생각이 바뀌었어."

"그게 뭔데?"

화랑이가 고개를 돌려 날 바라봤어요.

"나 같은 비닐이 원래는 환경을 보호하기 위해 태어났다는 거."

"그게 무슨 소리야, 라면냥? 여태 썩지 않는 비닐 때문에 지구가 병드는 것도, 동물들이 죽는 것, 사람들이 병들어 가는 것도 보고 왔잖아. 비닐 때문에 곧 우리도 큰일 날걸?"

화랑이가 흥분한 소리로 말했어요.

"잘 들어 봐."

난 비닐이 어떻게 처음 탄생했는지 화랑이에게 들려 줬어요.

"비닐봉지가 생기기 전에는 사람들이 물건을 사서 종이봉투에 담았지. 과자도, 고기도, 콩나물도, 빵도 뭐든 다 종이로 싸거나 종이봉투에 담았어."

"도대체 누가 비닐봉지를 만든 거야. 안 만들었으면 지금까지 종이봉투만 써서 지구가 건강할 텐데."

화랑이가 투덜거렸어요.

그렇게 투덜댈 만하지요. 지금도 환경을 생각하는 사람들은 비닐봉지 대신 종이봉투를 잘 쓰니까요. 플라스틱 빨대 대신 종이 빨대를 쓰고요.

"하지만 종이봉투는 한 번 쓰면 구겨지고 찢어져서 다시 쓸 수 없었어. 많은 종이봉투를 만들기 위해서 매일 헤아릴 수 없이 많은 나무가 베어졌지.".

사람들은 지구에서 나무가 사라질까 봐 걱정했어요.

"환경을 보호하기 위해서 쓰고 또 쓰고 다시 여러번 쓸 수 있는 무언가가 필요했어."

결국 나무와 지구를 사랑한 스웨덴의 한 학자가 고생 끝에 획기적인 봉투를 발명하게 되었어요.

"물에 젖지도 않고, 편리하면서 쓰고 또 쓰고 계속 쓸 수 있는 봉지를 만들었어."

"그게 비닐봉지구나!"

"맞아! 하지만 사람들은 비닐봉지를 종이봉투처럼 한 번 쓰고 버리고 또 버렸지. 이유는 단 한 가지! 편하고 싶어서였지. 아예 일회용이라고 여기게 됐어! 결국 비닐이 지구와 우리 모두를 덮기 시작한 거야."

나는 화랑이에게 열심히 설명했어요.

화랑이는 비닐봉지가 지구를 지키기 위해 발명됐다는 사실에 놀랐어요.

"비닐봉지를 발명한 학자가 지금의 현실을 보면 얼마나 가슴 아파할까? 비닐 쓰레기가 지구를 덮고 있다니!"

전 세계에서 가장 많이 만들어지는 플라스틱이 바로 비닐이에요. 그건 가장 많이 버려지는 플라스틱이라는 뜻이지요. 비닐이 지구를 숨 쉬지 못하게 점점 덮고 있는 거예요.

"나 이제부터 절대로 비닐을 함부로 쓰지도, 버리지도 않을 거야."

화랑이는 두 주먹을 불끈 쥐고 말했어요.

"너 혼자서만 잘 하면 되는 걸까?"

난 지미지아들에게 늘 하던 마지막 질문을 했어요.

"그럼 어떻게 해? 나 같은 어린이가 뭘 할 수 있다고."

"화랑아, 한 사람의 힘은 크단다. 주변을 변화시킬 힘이 있어. 날 봐. 난 고양이 한 마리와 라면 봉지로 태어난 작은 요괴야. 하지만 내가 구한 동물들은 셀 수 없이 많아. 너처럼 생각을 바꾼 지미지아들도 아주 많아. 그 지미지아들이 주변을 바꾸면 이 세상이 바뀌지 않겠니?"

세상에 한 사람의 힘이 얼마나 큰지, 더구나 약한 동물과 식물들에게는 그런 도움이 얼마나 절실한지 설명해줬어요.

그리고 세상에는 스스로를 비참해하는 비닐들이 얼마나 많은지, 태어나 딱 한 번 쓰인 후, 버려져 지구를 썩게 만드는 슬픔에 대해서 들려줬어요. 무엇보다도 이

대로라면 우리가 본 동물들의 고통은 곧 모든 인류에게 돌아올 거라는 사실도 힘주어 말해 줬어요.

화랑이는 집에 돌아오자마자 커다란 도화지를 꺼냈어요. 그리고 크레파스로 '비닐은 일회용이 아니에요.'라고 굵직하게 썼어요.

"걱정 마. 이 종이는 구겨지지 않게 잘 관리해서 쓰고 또 쓰고 또 쓸 거야. 나무가 베어지는 건 싫으니까."

그걸 들고는 주방에 계신 어머니에게 달려갔어요. 화랑이 어머니는 여전히 그림 앞에서 엎드려 주무시고 있어요. 화랑이 아버지는 소파 위에 누워 계시고요. 화랑이는 어머니를 급히 깨웠어요.

"엄마, 이제부터 음식 쓰레기는 음식쓰레기 통에 담아 주세요. 택배나 배달 보다는 직접 가서 사고요, 비닐보다 장바구니를 들고 가요. 남은 음식은 비닐 씌우지 말고 반찬통에 담으시고요."

화랑이 어머니는 헉헉거리며 말하는 화랑이 얼굴과 화랑이 손에 들고 있는 글자를 멍하니 바라보았어요.

"가만있자. 출출한데, 김치부침개나 부쳐 줄까?"

어머니는 비닐 위생 장갑을 끼고 김치를 꺼내러 갔어요.

"안 돼요, 안 돼. 손을 깨끗이 씻고, 집게 쓰시면 되잖아요! 그리고 대나무로 만든 친환경 비닐장갑, 비닐 랩도 있다고요!"

"여보! 갑자기 우리 아들이 이상해!"

화랑이 어머니가 소리치자, 화랑이 아버지가 부시시 일어났어요.

"뭐, 맞는 말인 것 같은데? 아함. 드디어 나와 생각이 같은 식구가 생겼군."

화랑이 아버지가 싱긋 웃으며 화랑이를 바라보았어요.

화랑이는 다용도실로 달려갔어요. 무얼 하려는지 알 것 같아요. 역시 내 예상이 맞았어요. 어젯밤 묶어 둔 종량제 봉투를 풀기 시작했어요. 커다란 비닐에 대충 말아 뒀던 쓰레기 뭉치를 꺼냈어요. 그 커다란 비닐을 바닥에 깔아 놓고는 플라스틱 음식 통에 눌어붙은 비닐 조각들을 뜯어냈어요. 그다음 깨끗이 씻어서 분리수거를 했어요. 물론 음식 찌꺼기는 음식 쓰레기통에 담았지요. 마지막으로 커다란 비닐을 깨끗이 씻어서 널었어요.

그 모습을 화랑이 어머니와 아버지가 놀란 눈으로 지켜봤어요. 화랑이는 평소에는 게임만 하느라 열어 보지도 않던 SNS를 열었어요. 그리고 프로필에 '지구의 미래를 지키는 아이'라고 적었어요.

와, 이런 우연이 있을까요? 지미지아 단원이라고 미처 알려 주기도 전에 자신의 이름을 그렇게 정하다니요? 아무래도 화랑이는 최고의 지미지아 단원인 것 같아요.

화랑이는 스리랑카와 인도의 쓰레기 산들, 그리고 그 산들로 인해 고통받는 사람들과 동물들의 사진을 검색해서 찾아냈어요. 그리고 사진과 함께 첫 번째 글을 적었어요.

비닐을 쓰지 맙시다. 꼭 써야 할 때는 기억하세요. 비닐은 일회용이 아니에요! 모든 물건과 특히 비닐은 쓰고 또 써서 지구를 지켜요. 잠깐의 편리함을 위해 지구의 미래를 버리지 마세요.

화랑이는 나의 훌륭한 지미지아 단원이 되었음이 틀림없어요. 바로 100번째 단원이지요.

"아, 이제 좀 쉬어 볼까? 내가 며칠 쉬어도 일할 요괴들은 있으니까."

하지만 난 망설여졌어요. 그동안 난 쉴 새 없이 지구의 미래를 구하려고 날아다녔어요. 그래서 100번째 단원을 훈련시키고 나면 잔치를 벌이며 잠시 쉬려고 했던 거지요. 하지만 막상 쉬려니 지구가 걱정돼요.

지금 이 순간에도 여기저기 쓰레기 산이 높아져 가고, 새로운 쓰레기 매립지가 생기고 있으니까요. 많은 동물들과 사람들이 고통스러워해서 안타까워요.

나는 수프 주머니를 휘적여요. 뭐보왕을 꺼내려고요. 이제 새로운 지미지아 후보를 찾아 떠나야겠어요. 그래도 귀여운 화랑이를 가끔 만나러 오고 싶어요. 물론 잦은 구조 요청 때문에 쉽진 않겠지만요.

나의 100번째 지미지아, 잊지 못할 거예요. 앞으로 새로운 지미지아를 가르칠 때마다 구조 현장에 데리고 가야겠어요. 그럼 화랑이처럼 든든한 지미지아 단원이 되겠지요?

여러분도 지미지아 단원이 되고 싶다고요? 오, 기다려요. 내가 금방 갈게요.

함께 사는 세상 환경 동화 11

비닐봉지와 요괴 고양이

초판 1쇄 발행 2023년 10월 25일
초판 2쇄 발행 2024년 5월 28일

글쓴이 조연화
그린이 김주경
펴낸이 김옥희
펴낸곳 아주좋은날
편집   이지수
디자인 안은정
마케팅 양창우, 김혜경

출판등록 2004년 8월 5일 제16-3393호
주소   서울시 강남구 테헤란로 201, 501호
전화   (02) 557-2031
팩스   (02) 557-2032
홈페이지 www.appletreetales.com
블로그   http://blog.naver.com/appletales
페이스북 https://www.facebook.com/appletales
트위터   https://twitter.com/appletales1
인스타그램 @appletreetales
         @애플트리태일즈

ISBN 979-11-92058-28-3 (74810)
ISBN 978-89-98482-81-7 (세트)

ⓒ 조연화, 2023
ⓒ 김주경, 2023

이 책의 무단전재와 무단복제를 금지하며,
책 내용의 전부 또는 일부를 이용하려면 반드시 아주좋은날(애플트리태일즈)의 동의를 받아야 합니다.

잘못 만들어진 책은 구입한 곳에서 바꿔드립니다.
값은 뒤표지에 표시되어 있습니다.

*아주좋은날*은 애플트리태일즈의 실용·아동 전문 브랜드입니다.

어린이제품 안전특별법에 의한 기타 표시사항

품명 : 도서 | 제조 연월 : 2024년 5월 | 제조자명 : 애플트리태일즈 | 제조국 : 대한민국 | 사용연령 : 8세 이상
주소 : 서울시 강남구 테헤란로 201, 5층(02-557-2031)